新型现代
供电服务体系

国网四川省电力公司营销部
国网四川省电力公司技能培训中心
组编

中国电力出版社
CHINA ELECTRIC POWER PRESS

图书在版编目（CIP）数据

新型现代供电服务体系 / 国网四川省电力公司营销部，国网四川省电力公司技能培训中心组编．—北京：中国电力出版社，2022.10

ISBN 978-7-5198-7091-1

Ⅰ．①新…　Ⅱ．①国…　②国…　Ⅲ．①供电－工业企业－商业服务－案例－四川　Ⅳ．①F426.61

中国版本图书馆 CIP 数据核字（2022）第 184281 号

出版发行：中国电力出版社
地　　址：北京市东城区北京站西街 19 号（邮政编码 100005）
网　　址：http://www.cepp.sgcc.com.cn
责任编辑：杨敏群　王　欢（010-63412240）
责任校对：黄　蓓　李　楠
装帧设计：赵丽媛
责任印制：钱兴根

印　　刷：三河市航远印刷有限公司
版　　次：2022 年 10 月第一版
印　　次：2022 年 10 月北京第一次印刷
开　　本：787 毫米×1092 毫米　16 开本
印　　张：12.5
字　　数：208 千字
定　　价：60.00 元

编 委 会

主　编　何　勇

副主编　李　彬　周黎莎　唐　勇　刘　兵

编　写　高　犁　华远航　陆　瑞　宋莎莎
孟　婕　曾　蓉　何　玄　袁锦敏
梁　英　张　宁

前言

Foreword

电网企业关系着国家能源安全和国民经济命脉，承担着落实国家能源战略、服务人民群众生产生活的重要使命。近年来，科学技术发展日新月异，电力体制改革进入深水区，售电市场环境复杂多变，电价政策改革推动营销业务全链条发生深刻变革，人民对美好生活的向往对供电服务水平提出更高的要求，电网企业发展面临新的挑战和新的机遇。

供电服务是电网企业发展的永恒主题，既是满足人民美好生活的现实需要，也是做好电力先行官、架好党群连心桥的内在要求。国网四川省电力公司（简称国网四川电力）一直将供电服务视为“生命线”，牢固树立以人民为中心的发展思想，深入践行“人民电业为人民”的企业宗旨，持续深化创先争优为民服务，着力构建以人民为中心的新型现代供电服务体系。对外充分履行社会责任，持续开展客户用电满意工程，创新打造“线上服务入户，线下服务进村进社区”服务新模式，以线上方式将供电服务送到客户“家里面”；以“代收+供电客户经理+村社网协员”方式将供电服务送到客户“家门口”，让客户随时、随地全时空便捷办电，极大方便客户感知，在社会上树立了良好的责任央企形象。对内致力于变革供电服务体系，完善供电服务管理长效机制，优化供电服务管理标准流程，细化各项服务措施，确保各项服务承诺和服务标准落实到位，用一流服务当好经济社会发展的“先行官”，架起党和人民群众之间的“连心桥”，将服务人民美好生活需要贯穿到供电服务全过程，为人民提供经济、可靠、安全、清洁的能源和高效优质的服务。

2021 年 6 月，国网四川电力市场营销部组织公司系统供电服务相关专业的专家，成立《新型现代供电服务体系》编委会，梳理、总结、提炼“十三五”以来企业致力于构建新型现代供电服务体系为民服务的先进做法、实践应用和实施成效。

《新型现代供电服务体系》站在电网企业的视角，坚持以人民为中心，以数字转型为支撑，以卓越服务为抓手，研究了新型电力系统下的电网企业新型现代供电服务体系，转服务能力之型，着力创新打造了新型电力系统的供电服务样板，体现了以人民为中心的发展思想，描绘了围绕服务党和国家工作大局、服务美丽中国建设、服务人民美好生活需要的工作实践举措，彰显了以建设具有中国特色国际领先的能源互联网企业的战略目标为引领，坚持“一体四翼”发展布局的重要意义，全面提升了企业供电服务能力和品质，为电网相关企业和相关服务行业提供了可参考借鉴的经验模板。

全书介绍了国网四川电力供电服务发展的三个阶段、变革前供电服务体系情况及面临的新形势，阐述了国网四川电力新型现代供电服务体系的构建思路、实施路径、主要做法和实施程序，展现了新型现代供电服务体系在国网四川电力各地市公司落地落实的实践应用，极具学习和借鉴意义。

本书编写过程中，得到了国网四川电力各市县公司、省营销服务中心、技能培训中心等单位的鼎力支持，以及曹雄飞、赵力颖、马玉府、李孟洁、杨凯、白雪、何凌雁、江波、苏伟、朱红梅、张文丽、陈纪、刘璞、巫慧、母彬立、王明霞、廖燕平等同志的大力配合。本书即将出版之际，谨对所有参与和支持本书编辑出版的领导、专家和同志们表示由衷的感谢。

由于时间仓促和编写人员水平所限，疏漏之处在所难免，恳请读者批评指正。

编者

2022 年 8 月

目录
Contents

第一章　供电服务概述

第一节　供电服务基本概况

一、供电服务内涵

电力企业关系着国家能源安全和国民经济命脉，承担着落实国家能源战略、实现国有资产保值增值、服务人民群众生产生活的重要使命。随着全球经济一体化和世界经济形势的不断发展，世界电力产业也得到快速发展，尤其是我国的电力事业更是取得了举世瞩目的成就。

众所周知，当前电力体制改革和供用电需求呈现出市场主体多元化、利益关系复杂化、监督管理严格化的趋势，特别是输配电价改革、售电业务放开、增量配电业务放开，售电多元化市场主体逐步形成，电力市场不可避免出现多元竞争格局。电力服务作为公共服务，其社会责任的履行以及公共服务质量逐渐受到人民群众的重视，而供电服务质量的高低也直接关系着人民群众的切身利益。随着经济的快速发展和民众生活水平的不断提高，客户对用电服务品质的要求也越来越高，供电企业只有持续改进和不断提高客户用电服务质量，才能逐步满足客户日益增长的用电服务需求，从而为供电企业的可持续发展提供保障。供电企业也只有主动顺应客户关注、社会关切，在更高起点上打造供电服务的新业态、新模式、新标准，才能为客户创造价值、为社会贡献力量，打造出供电服务的金字招牌。为迎合新一轮电力改革及社会发展的需求，供电服务体系的创新和优化成为摆在电网企业面前亟待解决的问题。

什么是供电服务？供电服务是服务提供者遵循一定的标准和规范，以特定方式和手段，提供合格的电能产品和满意的服务来实现客户现实或者潜在的用电需求的活动过程。

供电服务包括供电产品提供和供电客户服务。供电产品提供质量标准应满足《电力系统安全稳定导则》（GB 38755—2019）中规定的安全标准，如频率偏差限值、用户受电端的供电电压允许偏差限值、电力系统公共连接点负序电压不平衡度限值、各级公用电网电压（相电压）总谐波畸变率限值、年平均停电时间限值等各个方面均应满足电能产品的质量标准。供电产品质量的好坏是供电服务工作的基础和先决条件。供电客户服务是电力供应过程中，企业为了满足客户获得和使用电力产品的各种相关需求的一系列活动的总称。供电客户服务的标准包括供电服务渠道标准、供电服务项目标准、供电服务人员行为标准等。这些标准为广大电网企业员工提供了工作规范，也直接推动供电服务本质提升。

长期以来，供电服务是电力企业的生命线，也是品牌建设的关键词，更是一项全方位、多层次、多角度、全过程、全员参与的系统工程。电力市场的格局随着经济发展而改变，电力行业价值链与服务模式也应当进行创新和变革。供电企业需要承担普遍服务的义务，同时也面临着市场竞争压力，如何在市场中稳住脚跟并获得增量市场成为决定其发展的关键要素。

国网四川电力始终以人民为中心，以服务民生为出发点，坚持服务至上，不断夯实理念、规范行为、创新方式、强化监管，充分发挥人才、技术、渠道等资源优势，深挖营销大数据价值，聚焦企业用电市场，挖掘客户用能需求，助力客户降低用能成本，营造良好的营商环境，着力构建以人民为中心的新型现代供电服务体系，实现供电服务的便捷化、智能化、个性化、互动化。

二、国内外供电服务现状

从 20 世纪 80 年代起，电力体制改革在世界各地陆续推行。第一个进行电力市场化改革的是英国，之后美国、新西兰等一些国家都纷纷开始了电力体制改革。这些国家电力体制改革的主要形式是组织架构体系变更，成立电力市场。迄今为止，外国的电力市场运作模式大致可以总结为两大类。第一类是以美国部分州以及法国、苏格兰和日本等国家和地区为代表。这些国家和地区采用发电、输电、配电、售电纵向一体化管理模式，进行有限区间的部分改革。第二类则为以英国、新西兰、阿根廷及美国加州等部分国家和地区所采用的运作模式。这类国家和地区主要以放开或部分放开发电、售电环节限制的形式，将竞争加入这些环节中。

现代企业管理普遍认为，为顾客带去良好服务体验的企业将会在未来竞争中占据竞争优势。在竞争性电力市场中，同等质量的电力产品之下，企业提供服务的品质和水平，将对顾客在电力供应商的选择上有着十分重要的影响。

美国从 20 世纪 80 年代就展开了电力市场改革，其中服务改革也是美国电改的重要环节。如今，美国输电和配电市场均已独立，同时放开了发电市场和售电市场，实现了发电侧和售电侧的充分竞争。美国售电公司市场营销模式日趋成熟形成了自身鲜明的特点，仅在产品策略方面可以细分为质量策略、定位策略、定制化策略、增值服务策略。根据不同地区、不同客户提供了多元化的服务功能。美国售电企业为了给用户提供更加人性化的服务，他们将以往的“用户服务”这一称呼转变成“用户关怀”，这不仅是思维角度的转变，也是服务机制上的创新，并通过一套高水平的售前、售中、售后供电服务体系（见表 1–1）使售电企业的核心竞争力、经营效益双提升。

表 1–1　　售前、售中、售后供电服务体系表

售前服务	售中服务	售后服务
业务咨询，定期拜访用户推销新业务，为用户量身定制解决方案	提供专业的工程计划书，现场服务管理，协调用户与售电企业技术部门的关系	用户需求快速响应，用户反馈管理，服务质量跟踪，数据信息采集与储存

德国汉堡电力公司的差异化营销方式是在用户分类的基础上，针对大用户成立专门能源俱乐部，不定期邀请他们参加座谈，不定期举办新型用电技术、电力安全、电气设备设施维护等各种类型的讲座。这样一来，电力公司就全面掌握了区域内大用户的具体情况，建立跟踪数据库，按照用户的负荷率和用电特点，结合其历史信用情况、实际用电量和潜在增量、用户价值与发展潜力等方面对这部分群体进行进一步细分，对相关信息进行更深层次的挖掘分析，为针对性地差异化供电服务提供数据支撑和参考依据。

德国 Entega 售电公司、英国 E.ON 电力公司在开展售电业务的同时，通过从自来水、天然气公司购买能源产品，设计不同的搭配套餐或优惠方案，为用户提供水、暖和天然气等综合能源服务。

我国在 21 世纪初服务经济得到了迅速的发展，服务业的发展每年都在不断上

升，在国民生产总值的比重已经超过了 40%，在一些沿海发达的省份中可以高达 50%以上。整体上我国各个行业营销服务均开始得比较晚，通信行业、电力行业、金融服务业、物流等领域在 2000 年后纷纷开始提出强化企业服务意识，构建营销服务管理体系。特别是中国移动从电信剥离后，他们很快意识到客户群的运营和服务与以前的客户群有着迥然不同的特征，随后便着力建设客户服务体系，包括：健全客户资料、建设平台支撑系统、推广标准化应用产品、创新商务模式、建立营销渠道等。以中国移动四川分公司为例，仅 2003 年就建立了 22900 家集团客户精品工程，成为中国移动公司为客户创造价值的示范性项目。国内供电公司由于受到历史因素影响，市场竞争意识相对薄弱，在供电服务方面长期处于探索阶段。

2002 年电力体制改革方案下发，代表着中国的电力市场改革正式拉开帷幕。2015 年,《中共中央国务院关于进一步深化电力体制改革的若干意见》(中发〔2015〕9 号）及《关于印发电力体制改革配套文件的通知》(发改经体〔2015〕2752 号)，明确了第二轮改革的总体架构的具体操作方案，“管住中间、放开两头”，有序放开竞争性环节电价，有序放开公益性和调节性以外的发用电计划，让电力回归商品属性。2015—2021 年，经历了长达六年的探索，电价在计划和市场的双轨制中矛盾前行。特别 2021 年以来，国际市场能源价格大幅上涨，主要受美元货币超发、世界经济持续复苏等因素影响，全球油气供需紧张，油气价格大幅上涨，国内电力、煤炭供需矛盾持续偏紧，电力市场化改革亟待深化。2021 年 10 月，国家发展改革委先后印发《关于进一步深化燃煤发电上网电价市场化改革的通知》(发改价格〔2021〕1439 号）和《关于组织开展电网企业代理购电工作有关事项的通知》(发改办价格〔2021〕809 号)，两份文件改革措施直接推动全部燃煤发电电量和全部工商业用户进入电力市场，标志着新一轮电力体制改革拉开了序幕。

在电力市场激烈的市场化竞争下，各企业要把握市场，就需要对供电服务工作引起足够重视。如何树立起“重视客户、重视服务、重视营销”的企业共识，坚持以客户为导向的供电服务工作，如何以良好的供电服务提升顾客的满意度，提高顾客的忠诚度，对于其保留存量客户、进一步开拓市场份额显得十分关键。

近年来国网四川电力恪守“为客户创造价值”的服务理念，深入践行“人民电业为人民”服务宗旨，大力弘扬“服务至上、践诺为先、全员参与、重奖重罚”服务理念，在提升供电服务水平领域投入了较大精力，不断探索研究服务新模式、服务新机制、服务新渠道，提升客户服务新体验，不断推动供电服务跨越升级转型。通过“互联网＋营销服务”切实提高电力接入效率和服务水平，为四川省营造国际化、便利化的营商环境提供有力支撑。在服务理念上，实现了从被动服务向主动服务转变；在服务产品上，实现了从单一性产品向多样化产品体系转变；在服务模式上，实现了从营销前台向前中后台模式转变；在服务载体上，实现了从传统服务向数字化服务转变，并催生自身的“不变”到“变”，客户服务范围、服务方式、服务行为、服务意识、服务评价都悄然改变。随着营销科技基础不断夯实和线上服务手段日益成熟，传统供电服务体系逐步变革为现代供电服务新体系，国网四川电力在现代供电服务体系的建设过程中取得了一定的研究经验及其实践成果。

第二节　供电服务发展的三个阶段

我国推动电力体制改革以来，电网企业的角色发生了深刻的变化，逐渐由电力生产和使用的管理者，转变为电力的经营者和客户的服务者。国网四川电力也经历了一个从垄断性经营走向市场化经营的过程，其服务性不断加强，融入社会主义市场经济中。在电力改革持续推进、科技不断进步、客户需求日益提高等因素推动下，国网四川电力主动建设符合当前市场竞争环境和互联网背景下的营销服务体系，为企业创造良好的发展环境和可持续的发展空间，其供电服务发展主要经历了线下化、半线下化、线上化为主的三个阶段，如图 1.1 所示。

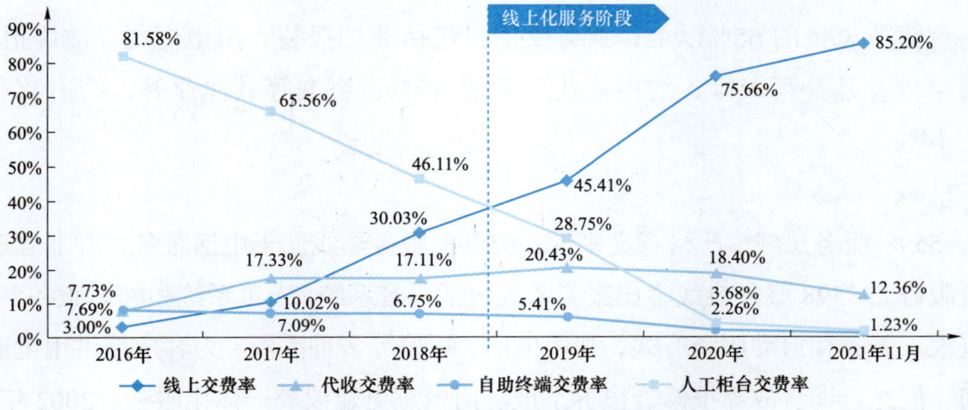

图 1.1　国网四川电力供电服务三个发展阶段

一、线下化阶段（2015 年以前）

20 世纪末以来，随着国家经济政策的调整，国家经济体制改革促进了电力工业的发展，电力供需基本达到了平衡，电力市场逐步放开，电力营销服务和优质服务理念逐步深入到电网企业，优质服务工作逐步成为电网企业的工作重心。国网四川电力认真践行“你用电、我用心”的服务理念，实施“客户用电满意工程”，大力改善服务品质，不断丰富服务项目，持续优化服务机制，全面强化行风建设，优质服务工作得到社会各界的广泛认可和好评。按照《国家电网公司供电营业厅标准化建设手册》和《国家电网公司供电服务提供标准》，根据供电营业厅 ABCD 级分类标准，大力打造标准化营业厅，并建立 95598 呼叫中心，为客户提供传统供电服务，满足客户基本用电需求，2015 年以前供电服务模式基本处于线下化阶段。

1. 窗口服务

自营实体供电营业厅。供电营业厅作为线下化阶段的主要服务渠道，开展常规供电营业服务项目。营业厅是国网四川电力为客户提供服务的重要途径，并且也是发展最早的一种途径，客户都是通过营业厅直接办理所需业务。供电服务项目包括 7×8 小时提供用电业务办理、电费收缴、咨询查询、故障抢修、投诉举报、服务宣传、需求侧管理等业务。供电营业厅服务主要体现出“服务类型全、服务对象固定、服务时间集中”的特点。按照国家电网有限公司 ABCD 级营业厅建设要求，2015 年国网四川电力营业厅数量较 2006 年翻了近五倍。这一时期营销服务模式以线下化人工操作为主，人工业务量占 95%以上，主要涵盖以下三类：缴费以及发票打印，占营业总量的 65%以上；业务受理，包括业扩报装、用电变更、故障报修、电表申校及开补写卡等，约占营业总量的 17%；咨询等其他业务，约占营业总量的 14%。

2. 线上服务

95598 服务热线。严格意义来说，95598 服务热线属于电话服务，并非互联网线上服务。95598 服务热线客户服务系统包括语音系统、人工系统和网站服务系统，通过人工服务和自动服务方式，利用电话、短信等多种手段，为客户提供用电业务咨询、信息查询、故障报修、投诉举报、用电意见建议等一体化服务。2002 年起，国网四川电力开始着手建设地市公司 95598 呼叫中心，7×24 小时受理客户业务，服务内容基本为售中及售后服务。并于2013年建成省级集中的95598服务热线呼叫平台，实现了与国网客户中心的互联，支撑了国网95598服务热线业务的集中运行。初步形成了营销数据中心，汇集了营销业务、用电信息等系统数据。95598服务热线有效弥补了营业厅服务受空间限制和时间限制的不足，一定程度上及时响应了客户需求。

3. 现场服务

营销服务、配网运维人员。营销、生产班组按照各自职责分工，分别为客户提供面对面的服务，其内容主要包括：客户侧用电报装工程的现场查勘、验收及接电；客户侧计费电能计量装置、负荷管理装置现场安装、校验；客户侧停电、复电；客户侧用电检查；客户侧计费电能表电量抄见；现场催费；故障抢修；现场询访等。

二、半线上化阶段（2015—2018年）

随着市场经济的发展和电力体制改革的不断深入，四川经济高速发展，城乡居民收入水平、生活水平都显著提高，使得客户对电力的依赖性大大加强，客户数量越来越多，消费观念越来越个性化，对电网企业供电服务质量有了更高的期望和要求。同时，互联网时代的到来以及科学技术的进步，电力科技创新也取得了巨大的突破，特高压、智能电网、高效清洁能源发电以及可再生能源发电等技术的不断成熟，也推动着电力行业日新月异的发展。国网四川电力超前谋划，主动作为，积极响应国家“互联网+”发展战略，制定了“客户导向型、组织扁平化、服务线上化、运营数字化、业务跨界化”一型四化的转型思路，并建立了“综合能源服务提供商”创新转型的战略目标，积极推进营销创新转型，2015—2018年供电服务模式逐步开始迈入半线上化阶段。

1. 窗口服务

社会实体代收网点。除了自营实体营业厅以外，国网四川电力利用社会有偿服务资源，推进“第三方代收网点”建设，打造“城市十分钟交费圈”和“村村有交费点”，将代收网点遍布城市及农村的银行、农信社，方便客户就近缴费。截至2017年年底，国网四川电力代收电费合作的非金融机构已超过10家，提供24小时供电营业厅等应急售电服务渠道，建立23种缴费方式，代收网点已超3万个，形成“自营+代收”的服务模式。代收服务作为营业厅的有益补充，有效落实供电服务“最后一公里”。

2. 线上服务

微信、支付宝平台。可以随时随地进行支付的支付宝、微信等电子支付方式已经深深融入我们的生活。国网四川电力开通线上缴费业务，改变传统的电力服务营销模式，不但降低了电网企业的成本，而且方便了客户，实现了双方共赢。

“掌上川电”手机 App。国网四川电力自主建设的手机智能互动移动平台于2015 年启用。该手机 App 充分利用 SG186 电力营销业务应用系统、95598 互动门户网站、电力信息远程采集系统以及购电卡充值系统的相关数据，通过 App 为客户提供电量电费查询、停电公告、网点查询、充值缴费、电力资讯、实用工具、大客户 VIP 等服务，开启了智能化、双向互动的客户服务新篇章。

3. 现场服务

台区客户经理制。实施“电力服务进社区”和“包片服务进乡村”，试行“三本台账”制度，推广“台区客户经理制”，尝试客户现场服务与企业管理的末端融合。开展网格化服务探索，提高服务协同效率，配套建立“普遍服务业绩档案”，对客户反映问题采用“销号式”管理，及时解决客户诉求。各级干部员工深入社区、村社解决用电问题，架起密切联系群众的“连心桥”。

三、线上化为主阶段（2018 年以后）

从 2G 到 5G 时代，互联网已经成为人们生活中不可或缺的一部分，随之而来的是“互联网+”带给人们全新的生活理念，即高效便捷、绿色共享。第十二届全国人大三次会议上，李克强总理提出“互联网+”行动计划，“互联网+”已经上升为国家战略，云计算、大数据、物联网、移动互联网等新兴技术与传统行业深度融合，催生了众多创新业态，形成全新的行业生态圈。国网四川电力深刻认识到，传统的线下供电服务模式已不能满足客户需要，营销智能化是未来营销发展的方向，也是解决当前困扰营销工作诸多问题的正确途径。因此，国网四川电力率先提出建设“以客户为中心”的智能营销体系的总体思路，建设手工型向科技型、作业型向管控型、被动型向主动型、局部型向系统型、粗放型向精益型转变的智能营销体系。随着智能营销体系的全面打造，国网四川电力逐步建立低压用户以“网上国网”为主、微信+支付宝为辅的线上服务模式，高压用户以“国网电商”+“网上国网”

为主、各大商业银行为辅的线上服务模式，全面打造“线上服务入户、代收服务进村进社区”服务新模式，形成“线上为主、代收为辅，营业厅、客户经理和政府服务网点有益补充”的线上线下一体化的智能服务体系，将供电服务送进客户“家里面”。2018年以后供电服务模式大踏步迈入线上化为主的阶段。

1. 窗口服务

智能营业厅。全面完成营业厅网点优化布局，在经营区内形成“一城区一营业厅、一区县一营业厅”格局。着力加强留存营业厅管理，建立营业厅动态评价体系。推广营业厅质效监测功能应用，对营业厅实施动态监督评价，大幅减少营业厅投诉，持续提升营业厅服务质效。强化营业厅宣传引导和形象窗口作用，多形式发布国家战略、相关政策，以及服务电力客户的各项措施，推动营业厅“小型化、智能化”优化升级。

进驻市县两级政务大厅。全面进驻市县两级政务大厅，设置服务坐席，安排专人提供业务受理、业务引导、线上渠道推广等柜面服务，确保客户到政务大厅办理用电业务均有受理、均能“一网通办”。强化与政府相关机构协作，利用乡镇、县级、市级等各级政府服务网点，开展供电主动服务及业务受理。并通过创新政企信息共享机制，在政企联动办电上求突破，实现了“房产+用电”联合过户，大大提升人民群众的获得电力感。

2. 线上服务

“网上国网”App。“网上国网”是国家电网有限公司打造的统一的线上客户服务入口，打造“客户聚合、业务融通、数据共享、创新支撑”统一互联网在线服务平台，推出“住宅、电动车、店铺、企事业、新能源”五大频道，目前上线119种场景，为不同群体用电客户提供电费交纳、电量电费查询、故障报修、停电信息查询、电动汽车找桩充电、光伏发电及补贴查询等各类用电服务。国网四川电力大力宣传推广线上供电服务渠道，加快线下传统服务向线上服务迁移，重塑线上服务流程与质量，加大推广成效、先进典型宣传，营造推广良好氛围，大力提升线上供电服务渠道的知晓度和使用率。

“国网四川省电力公司”微信公众号。“国网四川省电力公司”微信公众号是国网四川电力打造的基于微信平台的客户服务入口，具备在线业务申请、业务进度查询、充值缴费、电量电费查询、客户信息自助修改等功能的“互联网+”服务体系，并作为“网上国网”App的补充，拓宽“线上办电”渠道，全面提升客户体验。

“网上国网”专属客户经理功能。为了方便一线客户经理在网格化服务中沟通客户，国网四川电力在“网上国网”App推出“专属客户经理”功能应用，加快客户经理服务线上化。以服务片区（台区）为线索联系用户与专属客户经理。实现客户能快速找到客户经理，客户经理能快速找到客户。产品分为“客户侧”“客户经理侧”，从不同的入口进入。客户通过户号或地址匹配属地网格经理，在工作时间获得实时电话沟通和在线沟通服务。客户经理可以查询所属台区客户通讯录，方便在线或电话联系客户。客户经理还可以使用“个人推广”查询推广排名；使用“档案查询”查询用电档案。

国网商城“电费网银”。针对企业客户的线上缴费需求，国网四川电力与国网电商公司以及中国银行、中国工商银行、交通银行、中国光大银行、中国邮政储蓄银行、中信银行、中国民生银行、四川农信 8 家银行合作推出企业客户“电费网银”快捷交费服务，“户号直达”电费资金实时到账，同时通过增值税专用发票寄送服务和增值税电子发票线上服务，实现企业客户交费“一次都不跑、线上全搞定”。

自助综合服务终端（VTM 虚拟柜员机）。作为线上服务渠道的补充，可实现缴纳电费、查询电费余额、换表开卡、故障报修、手机号修改等十余项业务。国网四川电力优化自助服务终端管理，在全省社区、村社合理设点安装，形成“无人服务站”，全面将供电服务延伸至社区（村社）末端，不断满足各类客户用电需求。

3. 现场服务

三级客户经理制。落地政企客户经理制、片区台区经理制和大客户电管家服务，明确工作职责流程，落实主动服务和业务工单机制，完善考核管理，实现客户管理按“责任田”划分，营销量、价费损核心指标承包到人，客户经理“一口对外”、业务后台“协同作业”，高效精准响应到户，提高综合服务能力，从源头上及时响应处理客户诉求。深度融合高压客户业扩报装、用电检查、市场开拓等前端业务，组建“一专多能”服务团队，不断提升市场拓展能力和竞争能力。

代收服务进村进社区。持续优化代收网点布局，大力发展社会机构代收网点，全面入驻社区、村社，合作的代收机构由原来的单一银行、邮政、通信运营商网点，拓展到便民店、小超市、小区物业等，综合利用对方的人、财、物等资源，拓宽服务渠道，夯实“城市十分钟交费圈”和“村村有交费点”，确保代收服务全面覆盖到位，全面打造“线上服务入户、代收服务进村进社区”服务新模式。

进驻乡镇、村社便民服务中心。建立政电末端融合服务机制，将营业厅的服务功能延伸到各级便民服务中心，驻点服务内容包括政策咨询、答疑、业务受理和收集客户诉求等内容，并常态化开展线上业务推广、电力设施保护、用电安全宣传等工作，提升供电服务品质，完善政电网格对接，探索服务新模式，实现乡镇有人、村（社区）有点，方便农村客户获取供电服务，持续提高电力客户的“获得感”和“满意度”。

“村网共建”服务模式。创新乡镇村社与电网等企业合作的“村网共建”模式，探索“多网合一”新路径，破解传统供电服务模式难以满足乡村发展新要求的问题。“村网共建”按照“政府牵头、企业参与、村社实施、要素融合、共建共享”思路，坚持电力先行，整合公共要素企业服务资源，搭建乡村共建共享服务平台，通过政府选拔的村社“网协员”将公共要素服务送到农村群众家中，实现要素执法和公共服务有效落地，为乡村振兴、服务民生提供有效解决方案。

第三节　国网四川电力变革前供电服务体系情况

国网四川电力在 2016 年全面启动智能营销体系建设前的“十二五”及更早的时期，为客户提供以“线下化自营实体厅为主”的传统供电服务，其特点如下：

一、服务模式

（1）服务模式被动。传统供电服务体系下的业务模式多是以“等、靠、要”来获取客户用电资源，业务流程和管理制度的设计和制定也是以客户“上门办理”为出发点，如电费的“坐收”，业务的“坐办”等，缺乏主动营销的理念。在电力市场拓展的过程中，传统供电服务体系的服务模式难以主动进行客户需求挖掘，众多的审批环节和烦琐的业务流程使得客户需求的响应效率大幅降低。以“坐收”“坐办”为主的服务方式感知不良，线上服务手段不足，客户对服务的感知和预期相差较大。

（2）资源配置不齐。传统供电服务体系下的营业厅柜面业务量参差不齐，制约窗口效能发挥。因四川城市之间经济发展水平和人口分布不均，不同地域的营业厅业务量参差不齐，未实现窗口服务资源的最优配置。部分营业厅因业务运作不饱和，人力、设备等服务资源相对冗余，造成个别人员作风懒散，部分设备闲置老化，成为引发投诉的风险点。

（3）信息交互不畅。传统供电服务体系下的服务手段落后，与用电客户进行信息交互的渠道也比较单一，很难与客户建立良性的信息互动，客户对电力服务信息及相关资讯的接收和反馈严重滞后。例如电网企业设备检修停电、电能表更换告知、电价政策调整等服务信息主要依靠物业通知、张贴公告等方式告知客户，既不迅速，也不精准。同样，在出现客户停电、办电不规范、线上缴费失败等异常问题时，电网企业无法主动获知，都是在客户主动咨询，甚至投诉后才进行响应和处理，客户服务感知较差。

（4）服务资源分散。传统供电服务体系下的服务资源未整合，存在各专业人员分散作业，服务效率不高的问题，客户通过营业厅柜台、95598 服务热线等渠道办理业务，与电网企业的交互痕迹信息分散，未实现集中管理。没有实现业务的有效衔接和信息的高度共享，阻碍了客户服务水平提升。

（5）智能化水平较低。传统供电服务体系下的供电营业厅依然以传统的柜台人员服务为主，辅以少量的自助业务受理设备及自助缴费设备，在服务人员配置、服务功能设置、信息查询、信息展示等各方面依然围绕“满足前来营业厅办理业务的客户需求”来制定策略，没有充分地利用大数据、物联网、人工智能等新技术，未能围绕“供电营业厅服务价值体现”，把供电营业厅作为电网企业产品、信息、理念、形象的综合展示平台。在供电营业厅服务管理层面，依然注重“人”的管理，依赖“人”的水平，缺乏现代化的管理手段和运营方法。

二、服务手段

（1）服务渠道单一。传统供电服务体系下的实体供电营业厅以人工服务办理用电业务为主，95598 服务热线以信息服务为主，各代收网点只能局限于代收电费而不能办理其他业务，无法满足客户多样性的需求。

（2）服务方式固化。传统供电服务体系下的服务方式受时间和空间限制，供电营业厅提供 7×24 小时服务，客户办理常规供电营业服务项目均需在固定的营业时间内前往指定的网点，无法满足客户随时随地的供电服务需求。

（3）服务辐射面窄。传统供电服务体系下的服务瓶颈问题之一是服务覆盖面窄，供电营业厅服务区域狭窄，服务半径有限，部分区域服务网点少而客户分散面积大，路途遥远，客户前往非常不便。

（4）服务流程烦琐。传统供电服务体系下的用电业务办理，都要依赖于人工操作，耗时较长，流程比较烦琐和复杂，往往需要客户携带各类证件资料前往实体供电营业厅排队等待，从业务办理到最终用电，客户需要往返营业厅多次。不仅会极大地降低客户办理业务的满意度，增加客户的时间成本，还会增加电网企业的资本支出。

三、服务效果

（1）运营成本过高。国网四川电力在实体营业厅服务为主的阶段，营业厅数量最多达到 1197 个，其中租赁营业厅 62 个。营业厅新建、租赁、修缮、设备运维、升级改造及新设备购置费用占用企业大量成本，随着业务量不断下降，实体供电营业厅运营成本相对较高，已不适应企业优质发展要求。

（2）资源浪费较大。传统供电服务体系下的供电营业厅设置沿用国家电网有限公司 2011 年颁布的营业厅建设标准，该标准对 A、B 级营业厅的设置标准和数量予以了明确，未对 C、D 级营业厅硬性规定。各基层单位在设置 C、D 级营业厅时一般根据供电所位置和乡镇实际情况，在历经长年运行后，各营业厅业务量差异很大。这些 C、D 级营业厅业务量不饱和，也与当前农村空心化现象日益显现且四川作为全国劳动力输出主要省份的实际情况相契合。

（3）办事效率低下。传统供电服务体系下的作业方式以手工为主，效率较低且造成人力资源的大量浪费；业务覆盖面有限，自动化水平不高，加上缺乏高效的移动作业手段，电力营销作业普遍采用线下操作或半线上操作的方式，业务流程通过纸质工单交接，缺乏有效管控，因业务线下流转、体外循环导致的超时限问题和业务遗漏问题屡见不鲜，严重影响客户感知。

（4）工作差错频发。传统供电服务体系下的营业厅人工服务过程中，营业厅工作人员办理电费缴纳、电卡激活、补卡等业务时，或因违反首问负责制、未正确引导或推诿导致客户往返，或因让客户误以为拒绝办理业务，或因未按承诺时限为客户处理补卡、户号绑定、解绑等业务，导致营业厅人员服务规范投诉时有发生。部分员工服务技能水平提升缓慢，特别是社会招聘、老龄员工等，对新政策新业务新规定学习不够，工作差错时有发生。

（5）客户体验不佳。传统供电服务体系下的供电营业厅仍采用封闭式的柜面设计和较为陈旧的功能分区，特别是农村区域营业厅以柜面服务为主，线上化进程较为滞后。营业厅服务设置不满足客户的实际需求，导致客户体验不佳。

（6）服务风险突出。传统供电服务体系下的主要服务方式是通过营业厅向客户提供面对面服务，因而增大了服务风险。部分员工对优质服务是电网企业生命线的认识不到位，直面客户时还存在态度生硬、解释不到位、服务不耐心和沟通交流欠缺技巧等问题，有较大服务风险。

第二章　供电服务面临的新形势

第一节　供电服务面临的挑战

一、面临复杂的外部形势挑战

1. 国内外复杂经济形势给供电服务带来严峻考验

近年来，诸多不利因素制约着电力消费的增长，对电力行业整体影响比较大。加之全球疫情防控的常态化，全球经济增长缓慢等外在因素形成的连锁反应，使国内电力短期供给需求降低，将长期呈现螺旋上升趋势。2020 年，为应对疫情冲击和疫后复工复产，围绕“六稳”“六保”任务，国网四川电力出台了一系列优惠政策，为经济社会稳定恢复提供了电力安全保障。2021 年，受经济延续恢复性增长态势、高端装备制造业、信息技术服务业等产业蓬勃发展和电能替代技术发展步伐加快等因素影响供电服务面临严峻考验。

2. 能源绿色转型发展给供电服务转型提出新要求

改革开放以来，我国能源行业快速发展，已成为全球最大的能源生产国和消费国，有力支撑了经济社会发展。但是，我国能源结构长期以煤为主，油气对外依存度高，是全球最大的碳排放国家，能源清洁低碳转型要求紧迫。在中央财经委员会第九次会议上，再次对“碳达峰、碳中和”工作作出重要部署，强调要以构建新能源为主体的新型电力系统，明确了“双碳”背景下我国能源电力转型发展的方向。随着能源行业转型升级，电力的应用领域不断拓展，电力服务需求和消费理念日益多元化、个性化、低碳化。

3. 电力体制改革深化使供电服务挑战突显

“十三五”以来，电力市场日益活跃，售电侧开放成效显著，多买多卖的市场格局和完整的市场体系初步形成。加之，受供电区域历史形成原因的影响，四川省境内供电主体呈多元化格局，类型多样，供区交织，矛盾隐现。伴随电力体制改革深入推进，受宏观政策环境及四川社会经济发展形势的综合影响，电力市场必将迎来新一轮挑战，政府监管、社会监督越来越严，经济下行压力逐渐加大，业态创新对电力市场提出了新要求，加之新冠肺炎疫情冲击，社会各界对降低用能成本、释放改革红利提出新的期待和诉求。四川省内电力现货市场建设提速，社会各方关于全面放开发用电计划、解决弃水问题的呼声一直较高，对电网企业加快市场体系建设、搭建公平开放市场平台的诉求日益强烈。随着市场形势的不断变化以及电力用户对市场行为认知度的不断提升，客户对市场化服务提出了更高、更全面的需求。

4. 工商业电价改革带来供电服务新挑战

2021年以来，全国范围内煤炭电力消费快速增长，供需持续偏紧，煤炭价格大幅上涨。四川省虽以水电为主，受电煤供应偏紧的影响较小，但在局部地区电力供应依然紧张，尤其是在迎峰度冬期间，可能出现有序用电。

我国政府对用电问题高度重视，做了多次专题研讨，国家发改委经过政策研究，决定全面推进电力市场化改革。改革后工商业用户全部进入市场，取消工商业目录销售电价，突显出电力的商品属性，充分发挥市场在资源配置中的决定性作用，推动构建新型电力系统，助力碳达峰、碳中和目标实现。

在此背景下，供电服务的内容和内涵须进一步改进。除居民生活和农业生产以外的绝大部分电力客户可以自由选择发电厂或者售电公司进行购电，供电企业无差别提供报装、计量、抄表、收费、抢修等各类供电服务。同时，供电企业需要为暂未直接从电力市场购电的用户提供代理购电服务，以购电者的身份参与市场竞争，从电力市场购电。供电企业自身的角色在不断发生变化，对外服务的角色也在不断发生变化，从购电、售电、供电服务一体化服务，转变为购电、售电、供电服务逐渐独立。供电企业面对的客户对供电服务的要求也逐渐发生改变，对于客户基数庞大的一般工商业用户，从习惯于按照政府定价的模式支付电费，到目前的按照市场化有涨有跌的电价支付电费，消费理念和消费习惯亟须改变，尤其是对于高耗能企业市场交易电价不受上浮20%限制，将进一步催生电力市场化交易服务需求。此外，电价改革将进一步激发储能、分布式光伏发电、综合能源服务等新型电力客户的增长，以及带来新的供电服务挑战。

5. 优化营商环境驱使供电服务水平进一步提升

近年来，我国政府持续提出构建“以国内大循环为主体、国内国际双循环相互促进的新发展格局”。成渝城市群将成为中国经济“第四增长极”，国网四川电力发展站在新起点、肩负新使命、面临新形势，优化营商环境迫在眉睫，这不仅是地区经济软实力的重要体现，更是公司履行社会责任、服务“六稳”大局，支持新时代西部大开发、成渝地区双城经济圈等国家战略的重要手段。“十三五”期间，四川电力营商环境虽然有一定提升，但离北京、上海等城市，离各级政府和广大客户的需求还有不小差距。2021 年以来，国网四川电力迎接了国务院第六次大督查、全面清理规范供水供电供气收费、高质量促进行业发展专项检查、客户受电工程“三指定”专项检查等从国家到省市层级的多次专项大检查，检查层面之高、覆盖范围之广、核查手段之多维，要求国网四川电力不断创新服务举措，优化服务流程，畅通服务渠道，高效落实优化电力营商环境各项工作决策部署，方能满足由“用上电”到“用好电”的用电需求转变。

6. 电力供需形势严峻为供电服务提出新要求

2021 年以来，全国电力供需形势复杂多变。从国际国内形势看，受国际能源原材料价格上涨、国内经济持续恢复等因素影响，持续推高电煤价格，火力发电意愿明显下降，电煤库存、火电出力“双下降”问题突出。从四川全省形势看，冬季临近，面对迎峰度冬期、用电高峰期、冬季供暖期、水电枯水期“四期叠加”，加之能耗双控因素倒逼，供电企业面临保供电新的挑战和要求。党中央、国务院高度重视电力保供工作，国家发改委、国资委、能源局等部委密集部署工作，四川省委省政府多次召开会议全面部署保供工作，保障电力可靠供应已上升为关乎国家安全、关乎民生福祉的政治议题，需要供电企业担起保供重大任务，严格履行好服务好党和国家工作大局、服务好电力客户、服务好发电企业、服务好社会发展，全力保障民生用电和经济社会发展需求，千方百计、全力以赴，打赢打好电力保供攻坚战。

二、面临的客户诉求变化

1. 服务水平和手段还无法满足人民日益增长的需求

虽然在“十三五”期间国网四川电力服务能力和服务水平都发生了很大提升，但在服务模式的转型初期，在客户需求响应的及时性、高效性，服务的主动性、精准化、优质化上还有很大差距，特别是对大客户的专业化服务还很欠缺，科技手段的技术支撑也存在不足，客户充值不成功等现象依然存在，需要进一步强化提升。大客户服务工作未形成完整的服务体系，缺乏相关配套支撑，跟其他专业未产生联动共鸣，服务质效不高。部分营销专业员工对新兴业务认知普遍较低，理论知识和业务水平难以支撑新形势下的服务工作，与客户日益增长的需求不匹配。

2. 线上化服务需求越发旺盛

随着互联网技术和信息技术高速发展，打破了供电服务地域及时间限制，客户足不出户实现业务掌上办、随时办的需求越来越强。国网四川电力三全建设和智能营销体系建设不断夯实营销服务的基础装备和系统技术水平，为营销服务向线上迁移提供着坚实的基础支撑。随着疫情防控的常态化，“不见面”的线上服务方式成为主流。为适应内外部发展要求，作为服务民生和国家大局的央企，国网四川电力应主动适应和融入内外发展变化，着眼于跨越服务客户能力提升，全面推动营销服务模式向线上化、智能化转型升级，更靠前、更主动、更精准响应和满足客户需求。

三、面临的内部发展变化

1. 营销生产关系与生产力发展不相适应，供电服务体制亟待变革

近年来随着智能营销体系建设的大力推进，使得生产力得到大幅提升，但原有组织机构和岗位已不适应供电企业高质量发展需要，人岗不匹配问题尤为突出。随着代理购电、需求侧管理等业务开展，抄表工、收费员、农电工等历史遗留问题已经到了非解决不可的时候，营销组织模式亟待变革。

2. 数字化转型为供电服务注入“新活力”

随着数字化、网络化、智能化浪潮席卷全球，传统的电力生产和服务方式正在被改变。多能互补和高效利用的综合能源服务前景广阔，综合能源服务可以提升能

源效率、降低用能成本、促进竞争与合作。目前综合能源服务尚处于起步阶段，其主要服务模式大体可分为四类，即以电、热、冷多能联供为基础的供给端延伸型、以电网为基础的传输端升级型、以售电增值业务为基础的消费端衍生型以及以能效管理为基础的技术、装备渗透型。发电企业从供给端延伸，已不再是单纯的电力供应者，而转变为能源服务解决方案的提供商，价值创造模式将由传统的能源供应转变为“供电+服务”的综合能源服务。未来，综合能源服务市场将有发电、电网、售电、装备等多种类型企业参与竞争，企业将面临角色转变和差异化竞争带来的挑战，资源整合能力、市场应对能力、服务意识和创新意识都亟待提升。

第二节　供电服务变革的必要性

一、构建现代供电服务体系是党和国家的更高要求

供电企业要服务党和国家工作大局，服务美丽中国建设，服务人民美好生活需要，要提高服务品质，增强电力发展给广大人民群众带来的幸福感。当前，我们服务意识、服务技能和服务效率亟待提升，亟待构建以人民为中心的现代供电服务体系，全面提升供电服务品质，严格履行供电企业社会责任，将服务人民美好生活需要贯穿到供电服务全过程，为人民提供经济、可靠、安全、清洁的能源和高效优质的服务，不负党和国家赋予我们的光荣使命。

二、构建现代供电服务体系是技术进步的客观需要

随着移动互联、大数据、物联网、云计算等技术的快速发展，互联网技术打破了服务空间、地域及时间限制，客户足不出户实现各类业务掌上办、指尖办已逐渐普及并形成习惯。随着线上技术手段的快速发展，供电服务方式亟待转型升级，互联网思维新型服务模式正成为未来的必然发展趋势。移动互联已成为一种生活方式，一种消费方式，更是一种产业模式，不仅意味着对传统产业规则的大范围颠覆，

同时也催生出一大批全新的移动互联服务新模式。互联网正以改变一切的力量，在全球范围掀起一场影响人类所有层面的深刻变革。

纵观目前供电服务管理模式，还存在较多问题：① 传统服务模式条块化现象较严重，其传统的服务流程及服务模式设计已远不能满足现移动互联时代的快节奏及扁平化需求。② 服务手段创新驱动不足，相比金融、通信等行业在移动互联时代的服务策略及推进速度而言，供电服务总体滞后感明显。③ 服务内容仍较为传统单一，需要结合移动互联、大数据、云计算、物联网等新技术发展，大胆探索新型服务内容，提前谋划布局，在提升服务水平同时为电力企业创造更具价值的商业服务方向。④ 储能技术的进步将冲击供电企业属地化运营模式，加速新型业务模式发展，催生新的价值领域，将引入更多、更有实力的市场参与者，使市场竞争更加激烈。

三、构建现代供电服务体系是企业发展的必然选择

当前，电力体制改革加速推进，售电市场环境复杂多变，技术的发展与应用日新月异，供电企业内外部环境正发生着深刻变化，企业生存发展面临严峻挑战和新的机遇。售电市场作为供电企业生存发展的根基，供电企业的市场地位、赢利模式将发生重大变化，主动应对经济发展变化态势和适应政策环境新变化，不遗余力稳固存量市场，力争增量市场，是当前供电企业面临的新任务。在电力体制改革大环境下，优质服务是市场竞争的抓手，抢占市场即是争取更多的客户，争取客户靠的是优质服务。与此同时，全国电价市场化改革正在全面铺开，推动全部工商业用户进入市场，取消工商业目录销售电价。随着市场化交易规模不断扩大，客户对供电服务的要求也逐渐发生改变，电力公司服务模式亟须改变，才能更好地适应国家政策变化，服务市场化客户，为其提供多元化的电力产品。外部环境的诸多变化，要求供电企业本着守土有责原则，积极应对，未雨绸缪，转变观念，密切关注市场和环境变化，积极稳妥应对新情况和新问题，采取灵活的经营策略，构建以人民为中心的现代供电服务体系，以优质服务作为核心竞争力，在市场竞争中服务客户，赢得市场，求得发展。

四、构建现代供电服务体系是适应国家政策变化的内在要求

1. 服务能源转型升级发展的需要

随着经济发展、社会进步和能源转型，电力的应用领域不断拓展，电力服务需求和消费理念日益多元化、个性化、低碳化，电力行业的新产业、新业态、新模式不断涌现。因此全面构建以人民为中心的供电服务体系，转变服务模式，延伸服务和业务价值链，积极拓展能源服务新业态，服务能源生产和消费革命，才能打造能源服务新业态，为实现公司战略目标提供新动能，才能保障电力安全稳定供应，促进产业结构优化升级，提升客户能效水平，推动构建新型电力系统，助力碳达峰、碳中和目标实现。

2. 助力营商环境优化的需要

为持续优化电力营商环境，国网四川电力正着力打造“阳光业扩”服务。通过优化构建新服务模式，加速推动线上业务办理，促进办电业务更加便利化、透明化、标准化和规范化。

3. 服务当前供需形势的需要

受煤炭供应不足等因素影响，国内电力供需形势紧张。供电公司必须要守土有责、守土尽责，严格做好需求侧管理，做好供电优质服务，坚守 “保安全、保民生、保稳定”三大底线，担当作为，全力保障民生用电和经济社会发展需求。

第三节　供电服务体系变革的可行性

一、营销硬件基础和技术手段能够提供坚强支撑

通过“三全”建设和智能营销体系建设，国网四川电力已实现电能信息全采集，正在加速 13 版智能电能表、高速宽带载波模块技术（HPLC）和 4G 模块全覆盖。持续强化采集系统运维管理，有效提升采集通道可靠性，传统人工抄表和数据现场

抄录工作被高可靠性的系统自动采集设备取代。营销装备升级，采集系统智能化为智能营销转型、供电服务转型升级打下基础，先进的采集技术和智能营销系统已具备支撑线上化智能感知、响应客户的条件。

二、健全的体制机制提供有力保障

深化组织变革，结合“互联网+营销服务”、营销自动化技术深化应用，打造95598热线线上服务前端。以营配调业务协同为重点，实施城区营配低压网格化服务、园区综合服务和“全能型”乡镇供电所综合服务的前端服务“三个强化”。建立“政企客户经理制”“台区经理制”“营业厅电管家制”前端服务“三个机制”，快速响应客户需求。加强省综合能源服务公司市场开拓能力建设，打造专业化团队。加强省、市级公司服务策略和产品设计、市场营销策划推广能力，加强省、市两级客服中心和计量中心服务支撑、技术保障、数据分析能力健全服务机制。建立全过程服务责任制和考核评价机制，落实各专业、各层级的服务责任。推动优化业务授权和经营考核机制，推进建立科学的市场服务投入与收益考核评价机制，释放市、县级公司经营活力。完善营销服务投入保障机制，推进解决城乡差异，补齐供电服务短板。推动构建新兴业务市场化运营等新机制，激发市场开拓潜力。

三、新技术应用为供电服务变革提供有利条件

随着科技的进步，大数据技术逐渐被广泛运用于各个行业，尤其是服务行业，因此大数据技术的民用化应用是一种必然的发展趋势。首先，第一个被普及应用的是大数据的可视化技术，该技术通过以大数据处理为基础，将一些信息进行形象具体化，从而更加方便人们直观地获取信息。例如，通过运用不同的数据分析手段来获取地理位置，然后将这些地理位置信息以图像的方式进行展示，如停电信息，抢修信息等，从而在日常生活中帮助人们提升用电体验，减少停电、抢修带来的负面影响。可视化技术与供电服务各类场景的交互，为提升服务转型升级提供有利条件。

四、“一专多能”营销队伍提供转型基础

推动优化营销定员和岗位设置，通过盘活存量、招聘录用等方式补充所需技术人才，优化充实一线队伍。以培养知识型、技能型、创新型的营销职工队伍为目标，通过岗位培训、技术比武等活动，大力培养“一专多能、一岗多能”复合型人才。畅通营销职工职业发展通道，完善乡镇供电所人员培训和考核分配机制，激发组织活力。

第三章　新型现代供电服务体系构建思路

第一节　总体思路

优质服务是企业稳定发展的生命线，提升客户便捷舒适体验成为增强客户粘性和拓展市场的关键。以优质供电服务为电网公司发展永恒主题，不断满足人民美好生活需要，做好电力先行官、架好党群连心桥，快速响应客户诉求，主动精准服务客户，为用户提供“开放、主动、智能、精准”的新型现代化供电服务，是新型现代供电服务体系的重要内涵。

构建新型现代化服务体系，要始终坚持“以人民为中心”的发展理念，数字转型为支撑，以卓越服务为抓手，致力于服务机制优化、组织架构强塑、服务管控提升三大方面，奋力实现“六大转型”，全面打造“线上服务入户、线下服务进村进社区”的现代供电服务新模式，依托线上线下一体化、全方位、立体式服务，彻底扭转以往电网企业以营业厅为主的被动服务，以线上方式将供电服务送进客户“家里面”，以“代收+客户经理网格化服务+‘村网共建、社网共建’社区网协员”方式将供电服务送到客户“家门口”，做到服务全覆盖、服务更优质、服务更便捷、服务更贴心，实现客户诉求“全响应”、供电服务“零距离”。

第二节　实施路径

新型现代供电服务体系的构建，要以全面推进智能营销体系建设为基础，提升主动服务意识，强化精准服务机制，打造营销服务新模式。面对“双碳”带来的机遇和挑战，电网企业要突出战略引领，优化资源配置，加大放管赋能，增强市场动力，推进营销系统治理体系和治理能力现代化建设，努力打造基础装备扎实、业务流程高效、服务能力卓越、组织架构科学、决策支撑有力的国内领先、行业示范、国际一流的营销系统。

为实现这一目标，必须围绕营销基础装备升级，营销信息系统重塑、业务流程再造和组织模式变革等方面，彻底改造任务驱动、被动服务和简单粗放的营销旧生态，实现智能营销的转型升级，智能营销“六大转型”如图 3.1 所示。

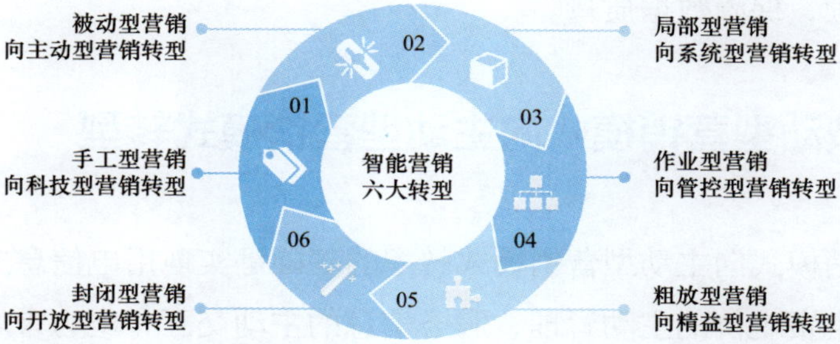

图 3.1　智能营销“六大转型”

一、从手工型营销模式向科技型营销模式转型

从手工型营销模式和科技型营销模式的特征来看，造成两种模式之间巨大差别的主要原因是装备技术水平的进步，这也是实现手动作业到自动作业转变的前提条件和技术基础。因此，手工型营销模式向科技型营销模式转型的本质是加大营销基础投入，实施信息系统增容扩建，升级营销装备技术，具体包括采集装备升级和信息系统改造两大方面。

采集装备升级方面：落实装备技术升级相关资金计划，依托国网四川电力计量中心建立项目、物资、检定、配送、施工、投运全环节常态化监管机制，完善配套的管理指标考核体系，确保各基层单位设备换装进度严格按计划推进。

信息系统升级改造方面：一是增加营销信息系统软硬件配置，开展营销信息系统分布式架构升级改造，升级现有营销基础数据平台，应用分布式技术和实时数据处理技术搭建具备小时级数据采集、计算和分析能力的营销数据服务中心，实现分布式的数据接入、数据存储、通用分析引擎，为海量数据实时共享、大数据分析、报表自动统计等提供支撑。二是完善报表智能统计功能。能够自动完成报表创建、报表格式设计、报表公式定义、报表数据处理、报表打印以及图形化分析展示等。能够根据需要对统计维度和报表格式进行自定义调整，完成数据的自动统计、汇总、合并和分析，并对报表进行趋势、构成、追溯等分析。三是研发移动作业平台和业务微应用，覆盖数据采录、业扩查勘、计量换装等现场作业场景，完成作业流程从线下到线上的转换，同时充分利用红外读表、条码扫描、图像识别等技术，实现现场数据通过手持设备自动获取和上传，减少作业过程中手工录入的数据量，杜绝人工对数据的干预，保障数据质量。

二、从被动型营销模式向主动型营销模式转型

被动型营销模式向主动型营销模式转型的基础是实现用电信息主动监测，并在此基础上实现电费电价的主动管理、服务信息的主动交互和电力市场的主动竞争，扭转电网企业内部管理和外部服务的被动局面。

推进与客户之间信息的主动、精准交互。一是夯实服务信息交互基础，厘清电网“变电站—线路—配变—客户”的拓扑关系，明确用电客户的供电路径。开展营销系统客户联系方式准确度核查和治理，确保客户联系信息正确，确保欠费预警、停电告知等服务信息能够准确传递。二是完善服务信息交互机制，对现有服务信息推送情况进行全面梳理，明确普遍性服务信息和差异化服务信息的发送要求，根据业务需求、服务场景和接收对象的不同分别设置标准的信息推送模板，确保服务信息内容的规范严谨。三是拓展服务信息推送渠道，在营业厅柜面、社区服务点等传统线下渠道的基础上，充分利用“网上国网”App、微信公众号、客户经理微信群、微博、电视、自媒体等线上渠道强化客户信息交互，同时在业扩报装、电能表更换、用电检查等现场作业过程中同步开展地推。主动发掘客户需求，实施差异化服务。利用大数据技术捕捉客户用电变化，分析客户用电特征，结合客户所在行业、区域等，对客户用电需求进行预判，并根据需求通过多种途径向客户推送诸如服务网点分布、用电分析报告、业务进度追踪、能效诊断建议、电力交易政策等客户关心的信息，提升客户的服务感知。

电力市场化服务方面，依托电力购售同期综合分析模型，对各时段电力购售两侧电量、电价和电费等进行智能分析，集合客户购售电情况，向客户主动、精准推

送交易品种和最优用电方案等。

三、从局部型营销模式向系统型营销模式转型

在局部型营销模式下，电网企业电力营销专业的管理范围与发展规划、设备运检、电网调度、财务资产等专业存在明显界限。由于各专业之间既独立运转又相互制约，造成完整的营销业务链和数据链被割裂，各专业的管理目标不统一，管理视野也仅局限在专业内部，没有从电网企业全局经营的角度思考和处理问题，业务融通和管理协同严重不足，严重制约了电力营销专业在电网企业经营管理过程中的主动性、能动性和执行力。局部型营销模式的典型特征是："数据孤岛、业务壁垒、管理缺位"。

局部型营销模式向系统型营销模式转型的核心是"突破壁垒"，引导树立经营电网理念，将电网经营质效管控从"增供"向"增效"转变，通过构建统一数据模型和共享平台的方式实现专业间数据的互通，完成专业结合部业务流程节点的优化以及业务之间的联动，实现业务融通，并在此基础上构建系统型的营销管理模式。

构建专业融合管理，实现营配末端业务贯通。业扩报装方面，由运检系统主动向营销系统推送电网资源当前可开放容量和报装区域电源点分布信息，营销系统结合用电客户报装具体需求，在系统内自动生成高压客户供电方案，辅助开展高压业扩现场勘查和供电方案设计。停送电管理方面，运检系统分析停电影响的电网设备，并根据电网拓扑关系定位至末级用电客户，自动生成停电客户清单，并将清单传送至营销系统，支撑客户服务。

四、从作业型营销模式向管控型营销模式转型

实现作业型营销模式向管控型营销模式转型的关键是提升作业智能化水平和业务质量管控效能，建成服务网格覆盖、管理分层分类、管控到边到底的新型营销业务模式。一方面需要重塑电力营销业务流程，简化操作步骤，减少人工干预环节，降低业务数据的复杂程度，运用大数据推进线上化作业，全面取消手工抄表，逐步取消手工收费，彻底转变以手工抄核收为核心的传统营销作业模式。另

一方面需要依托装备技术的升级，使营销信息系统功能更贴近业务场景和管控需求，全面支撑作业和管控的智能化，为服务全过程管控建立强大平台，做实做强省市县三级营销管控体系，将业务管控融入营销管理全过程，从传统的事后管理，向事前预警、事中管控、事后稽查全环节延伸，实现服务事前、事中、事后全过程管理。

涵盖了电费管理智能化、计量管理智能化、市场交易智能化等全专业流程智能化处理：一是实现抄表计划制订、电量采集、电费复核、电费发行、收费日结、解款确认、到账确认的自动流转，确保电费资金实时到账和实时销账。二是根据抄表校核规则对每日采集的电能表数据进行智能校核。对于数据采集异常，结合原始采集数据、台区线损数据、停（上）电等事件数据进行全面分析和综合研判，精准定位异常原因，利用闭环管理系统及时跟踪处理。三是实现营销系统与交易系统电力客户新增注册、用电信息变更、退市等业务流程的同步，确保双方档案信息的高度一致。建设市场化交易管理系统，优化市场化交易用户的结算流程，实现市场化用户结算依据线上传递、市场化用户电费计算等，实现市场化交易流程全线上、结算全自动。组建业务管控机构、业务管控系统，开展全业务、全环节、全过程的常态化实时管控，实现“横向到边、纵向到底”的营销管控模式智能化转型。

五、从粗放型营销模式向精益型营销模式转型

粗放型营销模式主要依靠大规模增加资金和资源等生产要素的投入，扩大供电范围和提升供电能力，是通过外延式发展的规模效应来促进售电量的增长。这种粗放的增长方式单纯以增加产品，即电量本身的数量为结果导向，忽视了对投入产出比和产品附加值等企业边际效益要素的关注，导致营销资源配置不合理，难以实现企业经营效益的最大化。粗放型营销模式向精益型营销模式转型必须以提升效益为核心，以客户需求为中心，灵活制定经营策略，科学配置营销资源，实现传统电力营销业务的精益转型，促进电网企业内涵和外延的同步发展，实现量价费损管理更精确、装备迭代升级更精益、售电市场拓展更精准、降本提质增效更精细、大数据分析管控更精密。

以提升效益为前提，大力增效扩销，树立经营电网理念，转变重“电量”轻“电

价”的惯性思维和考核导向，通过电量电价最优匹配，全力提升经营质效，最大限度增效扩销，实现输配电收入有效增长、电厂增发电量、客户降低成本的“共赢”局面。常态化开展电价电费召测比对，确保电价电费准确性。推进抄表购售两侧同期抄表结算，精准管控经营线损。改变运动式稽查模式，以大数据分析为载体推进科技稽查，精准堵塞漏洞。全面实行电能表失准更换，变“到期轮换”为“失准更换”。在营销系统建立历年电力市场交易分析比对模型，从稳定电力市场、减少弃水电量、提高新能源占比、降低企业客户用能成本等角度出发优化交易品种及交易规则，以实现电网企业、发电企业和用电客户“多赢”目标。

六、从封闭型营销模式向开放型营销模式转型

传统营销体系是一种封闭型营销模式，在这种模式下，电网企业对社会经济技术发展以及企业外部经营环境的变化不敏感，对用电客户和产业链上下游企业的需求关注度不高，联系也不够紧密。管理思维和组织体系的相对保守和僵化，导致企业经营固步自封、止步不前，自以为是、闭门造车的服务模式难以得到客户的认同。封闭型营销模式的典型特征是“封闭僵化、闭境自守、脱离实际”。

封闭型营销模式向开放型营销模式转型就是践行“碳达峰”和“碳中和”发展目标，凝聚环保共识，借力政策力量，深挖电能替代潜力，努力提高电能在终端能源占比。将“让客户满足我们的要求”的管电办电思想彻底扭转为“以客户为中心”。坚持政企协同，坚持共享共建，营造良好外部发展环境，创新服务举措，推广客户线上服务渠道和“网格化”服务体系建设，将电力营销服务延伸至客户指间和门口，实现客户办电业务“足不出户”，用电服务“随叫随到”。优化服务流程，深化“放管服”改革，加大营销业务审批权的放权授权力度，扩大基层单位业务权限，精简业务审批环节，减少审批层级，缩短审批周期。围绕客户用电要求，优化业扩报装办理流程，降低客户办电成本。强化服务保障，坚持管办分离，依托智能营销业务质量管控体系，强化省、市、县各级业务监管，做好简政放权的“减法”、加强监管的“加法”、优化服务的“乘法”。以需求为导向定制服务产品，紧密围绕用电客户实际需求，定制适用性好、生命力强的电力服务产品。以“三公”促“三优”，坚持公开公平公正，打造“思想作风优良、业务技能优秀、工作业绩优异”的营销队伍。

第三节 实施方法

一、战略引领，优化资源配置

以国家电网有限公司战略目标为统领，坚持客户至上和效率提升原则，围绕经营电网和优质服务两条主线，把客户服务和市场发展贯穿于公司营销各项业务，建立服务网格覆盖、管理分层分类、管控到底到边、运转灵活高效的营销业务组织架构。统筹配置前后台资源，优化企业生产关系，推动生产关系和生产力相互适应、相互促进，确保营销组织模式全面支撑智能营销体系建设和营销现代化进程。推进组织模式“三步走”，实现组织模式“三变革”。

1. 组织模式“三步走”

第一步打好组织基础，理顺管理界面，对公司内部组织管理体系现状进行深入分析，总结经验，借鉴外部实践，结合组织体系建设理论，提出组织管理体系的新型管理模式。第二步优化业务流程，提升效率效益。加速电网企业内部专业的深度融合，利用数字技术，打破电网企业内部各专业间数据和信息孤岛，重构内部业务流程。以更加开放的思维理念，与政府、客户以及产业链上下游甚至竞争对手之间建立更为高效的信息交互，促进电网企业与外部的全面互通。第三步实现高效运转，深入开展管理创新，全面提升公司整体经营水平与管理水平，有效保障电力供应和提升客户服务水平，大力推进安全生产、供电可靠性、客户服务、经营绩效等关键指标提升，增强核心竞争力，树立电网企业标杆。

2. 组织模式“三变革”

推动营销组织机构变革。因地制宜强化城区供电中心建设，以降低协调层级、减少协同环节、提升前端速度。理顺营销集约业务管控工作协同模式，推进新型班组体系的高效运作。

推动业务管控模式变革。将业务管控融入营销管理全过程、全环节，将其作为营销转型升级和质量变革的有力抓手。持续健全省、市、县三级业务质量管控机构，对营销量价费损、服务、市场等全业务进行监控、派单、处理、回复的全过程监督管控。

推动人力资源配置变革。一是增强业务管控力量，增加业务管理定编，确保一线人员压减但营销管理力量增强。二是建立营销各专业核心团队，加快营销复合型和高端人才培养，为智能营销体系建设提供充足人才储备。三是实现所有用电客户自动抄表，通过转岗培训，盘活人力资源存量、压降人耗。四是优化整合审核账务岗位设置，通过应用量费计算中心和推进电费账务省级集中，对市场化交易用户进行电费审核省级集约，提高审核效率，进一步提升服务市场化结算水平。

二、总体规划，“五化”引领改革

1. 信息采集自动化

依托智能采集终端，实现对营销全业务数据的实时收集，确保数据标准统一、数据准确完整、数据实时更新、过程数据完整、人工干预有法可控、有据可查。

2. 营销管理系统化

依托强大的业务中台，营销管理要打破专业壁垒，实现专业数据共享共存，专业管控也要相互交叉，营销管理要系统化，业务一步操作，步步响应，形成协同联动的工作机制和管理模式。

3. 信息分析智能化

立足于信息系统，首先实现对数据统计、数据结果关联、和业务逻辑校核等基础功能。其次，依托机器学习、人工智能等大数据技术，开展业务数据的深度挖掘和分析，让计算机发现问题，提供决策意见，最终由专业人员进行决策判断。

4. 业务运营数据化

数字化、信息化时代，业务皆可量化，量化管理已不是新鲜词。然而作为营销专业管理人员，必须要建立量化管理的思维。量化不仅是结果、指标，更是在业务管控的过程之中。运营的不是产品，不是业务文件，不是电能，而应是流动在营销系统中的活动的每个数据细胞。业务的变量是数据，业务的决策过程是建立模型，业务的结果是量化计算的结果，一切有据可查、一切可量化。

5. 客户服务主动化

推动服务由封闭被动向开放精准全面转型，实现服务模式变革，丰富普惠服务手段，推动服务效率提高。强化差异服务机制，着力服务效益创造，细分客户群体，建立重要客户标签库，整合服务资源，细化服务渠道，优化服务策略，精准服务政府、园区等重要客户群体。强化政企客户常态化服务，主动上门走访对接政企客户，提升政企重要客户的“电力获得感”，主动收集政府招商引资信息和大客户用电业务新需求，支撑市场业务拓展。落实“阳光业扩”服务，加快业扩配套建设时效，强化政企客户主动增值服务。

三、分类施策，高效部署关键节点

1. 加大营销基础投入

当前，日新月异的现代化数字技术与日益便捷的线上化体验，对新型现代供电服务体系提出更便捷、更智能、更优质的要求。智能供电服务设施设备投入不足的情况，阻碍了新型现代供电服务体系的全面升级，因此，供电企业一方面需要完善现有智能营销基础设备，另一方面要引进必要的智能化设备，以满足未来智能营销发展需求。

加速推进新型计量采集装备更新换代，大力推进老旧表计、终端的更换和4G、HPLC通信单元的全面应用，实现所有客户、公用变压器台区、并网电源计量点采集全覆盖。提升计量检测能力，完善传统计量体系，以适应新技术应用下的计量采集设备测试能力和智能化管理水平。提升现场作业能力，加大推广应用计量移动作业设备，计量移动作业终端配备率达到100%，实现无纸化现场作业。

2. 持续完善智能营销系统

智能营销系统的建设和应用，使营销管理从传统模式向现代化管理模式转变，加快了新型现代供电服务体系的构建步伐，但目前智能营销系统现状面对现代化发展需求，还需不断完善系统构建。

为推进流程智能化处理、业务全方位管控，简化操作步骤，减少人工干预，实现信息系统优化，用户信息主动监测，需要完善报表智能统计等功能、研发移动作业平台和业务微应用。完善报表智能统计功能，能够自动完成报表创建、报表格式设计、报表公式定义、报表数据处理、报表打印以及图形化分析展示等。能够根据需要对统计维度和报表格式进行自定义调整，完成数据的自动统计、汇总、合并和分析，并对报表进行趋势、构成、追溯等分析。研发移动作业平台和业务微应用，覆盖数据采录、业扩查勘、计量换装等现场作业场景，完成作业流程从线下到线上的转换，同时充分利用红外读表、条码扫描、图像识别等技术，实现通过手持设备自动获取和上传现场数据，减少作业过程中手工录入的数据量，杜绝人工对数据的干预，保障数据质量。

3. 政企合力，协同推进能源变革

（1）利用天然优势推动电能替代。依托四川水力资源丰富的优势，精耕电能替代，着力推进再电气化，提高电能在终端能源消费占比。截至目前，四川清洁能源装机容量占比已超过 80%，累计完成替代电量超 564 亿千瓦时，减少碳排放超过 4800 万吨。四川省各类能源占比如图 3.2 所示。

图 3.2　四川省各类能源占比

（2）推动特色电能替代项目实施。持续强化以电气化铁路为主的传统轨道交通领域电能替代基础，加快社会服务领域新能源汽车推广应用，深化充电设施政府监管平台应用和数据接入。大力推广电火锅（电厨炊）、电烤烟、电制茶技术，打造“电能替代的四川味道”。因地制宜，首创燃煤自备替代，鼓励企业停发燃煤自备电厂，消纳清洁水电。推动农村特色电能替代项目实施，加快乡村电气化建设。

（3）积极推动综合能源服务。以工业园区、大型公共建筑等为重点，积极拓展综合能源、多能供应、清洁能源、新兴用能四大重点领域业务，深化综合能效服务，开展工业企业、公共建筑等能效诊断、节能改造、运行托管服务。开展学校、医院、园区等多能应用服务，探索在高速服务区、移动基站、大型数据中心站等开展新能源服务。保障电动汽车快速发展，发挥优势做强做优“车联网”平台，全面提升平台用户体验，实现全社会充电桩接入全覆盖，构建全社会一张网，提升“车联网”平台运营能力，持续提高服务质量，实现充电便捷化。

第四章　全面构建以人民为中心的新型现代供电服务体系

第一节　主要做法

一、聚焦资源整合，盘活体制机制

1. 乡镇供电所优化提升工程破解农电管理难题

2020年，国网四川电力实施乡镇供电所“优化提升工程”，积极贯彻落实国家乡村振兴战略，紧密结合省政府乡镇行政区划与村级建制调整改革工作，制订《乡镇供电所优化提升工程指导意见》及六个配套专业方案，统筹推进乡镇供电所优化改革。按照因地制宜、因县施策、保障稳定、资源优化的原则，通过“留、并、改、撤”四种方式，将原有的1207个乡镇供电所优化调整为50个农电服务中心、246个A类供电服务站、637个乡镇供电所，整合和关闭C级及以下营业厅1034个，将精简下来的内勤人员2100余人充实到外勤服务一线，以更加灵活有效的驻点服务和线上服务的方式进一步打通客户服务“最后一公里”，全面提升农村客户用电体验，有效缓解农电结构性缺员问题，促进农电综合服务能力和服务品质同步提升。

2. 供电营业厅优化调整提质增效

国网四川电力深入落实国家电网有限公司决策部署，大力推进改革突破，大力深化提质增效。以“盘活资源、提升人效、优化服务”为切入点，在2020年创新实施供电营业厅变革调整工程。通过为期两年的准备、一年筹备、半年实施，优化精简营业厅86.18%、优化调整营业厅人员57.23%，实现供电服务模式的变革升级，工作效率、效益、效果大幅提升。

（1）营业厅转型升级。监管业务与市场业务分开，留存营业厅仅从事缴费、办电、咨询查询等受政府部门、95598 服务热线监管的业务，由对应的营销专业负责管理和考核。营业厅业务与售电配电市场竞争、综合能源服务、电动汽车业务和互联网“新零售”等具有竞争性的新兴市场业务区别管理，业务场所也明显标识分开。市场业务由对应的专业部门或单位（如产业单位等）负责。营业厅“小型化、智能化”转型升级，设置综合柜台，收费与业务受理等不再分开，由综合柜台统筹办理柜面业务。提升营业厅设备智能化水平，适度增加配置高拍仪、自助综合服务终端（VTM 机）等设备仪器。强化营业厅线上引导作用，配置线上引导员，主动引导教授客户线上办理业务，重点引导柜面扫码缴费的客户向线上转换。强化营业厅宣传展示作用，及时更新上墙电费电价和电能替代等政策，重点推行厅外宣传。

（2）强化后端人员支撑。强化后台业务管控人员支撑，选拔营业厅优秀业务骨干，调整充实至业务质量管控班或供电所内勤班，从事业务监控、大数据分析、问题督办整改等，支撑后台业务质量管控工作。强化政务大厅坐席人员支撑，部分营业厅人员调整至市县政务大厅，充实政务大厅坐席人员力量，受理客户缴费、办电、咨询等各类用电业务，主动向客户宣传推广线上渠道，主动引导教会客户使用线上渠道办理业务。强化客户经理队伍支撑，部分营业厅人员调整至客户经理队伍，从事辖区内客户管理、客户服务、市场拓展、线上渠道推广、量价费损指标管控等工作，受理客户各类用电业务，为无法通过其他渠道替代办理业务的客户提供主动保底服务。强化政企客户经理常态化管理，主动对接服务政府和大客户，搜集政府招商引资信息和大客户新业务，引导教授客户线上办理业务。

二、聚焦线上赋能，变革服务模式

1. 丰富的线上渠道，提供多元服务

（1）建设好用便捷的“网上国网”App。

“网上国网”App 是国家电网有限公司 2019 年打造上线官方统一的线上服务入口，根据国家电网有限公司工作部署，国网四川电力于 2019 年全面启动“网上国网”App 建设实施工作，按照“网上国网”App 顶层架构设计，以营销发展和客户需求为出发点，全面践行“人民电业为人民”的企业宗旨，全力服务优化营商环境，积极打造以客户为中心的线上现代服务体系。目前，四川“网上国网”App 已实现

85 项服务功能。拓展“网上国网”App 功能，开通互动界面，打造为与客户双向互动、智能共享的“桥梁”，实现客户诉求在线表达、客户经理在线反馈；实施星级评价，及时收集客户对服务流程、质效的反馈，推送服务质效改善；实现信息订阅推送，针对实时热点和用电政策，发布个性化、趣味性推文。“网上国网”App 运营推广有序，推动与政务平台融通共享，丰富个性化功能。对接国网客服中心开展创新产品孵化和功能优化，优化高频应用产品功能，丰富产品生态，做好办电 e 助手上线，试点实现电子发票打印等成熟业务融入政务自助设备，快速推进产品创新，配合优化专属客户经理、峰谷效益评估、停电可视化等多项个性化功能。深入推进“网上国网”App 推广运营，全力做好“网上国网”App 建设运营与宣传推广，统筹规划线上、线下服务渠道，优化渠道运营方式和手段，抓好运营问题应急处理，规范线上问题全过程管控。

（2）拓展以缴费为主要诉求的便民服务。

对低压用户形成以“网上国网”App 为主、微信+支付宝为辅的线上服务模式，对高压用户形成以“国网电商”+“网上国网”为主、各大商业银行为辅的线上服务模式，满足不同用电群体多元化需求，极大方便客户感知，线上缴费率、办电率分别达到 75%、95%，通过提升主动服务能力，让数据多跑路，让群众不跑腿。为推进高压客户线上缴费渠道，国网四川电力先后与中国银行、工商银行、建设银行、农业银行、四川农村商业银行签订协议，助推“网上国网”App 完善高压缴费功能，进一步拓展高压客户线上服务渠道。开展“点对点”定制化服务，主动向高压客户点对点宣传推广线上业务功能，教会高压客户通过“网上国网”App、国网商城或相关银行进行线上缴费。

在拓宽缴费方式的同时，国网四川电力还着力提升缴费效率。通过深化线上缴费进度管控，缩短对账时间，支付不成功的业务应及时退还客户资金，减少此类话务诉求。针对线上缴费无记录的问题，无论因系统延时还是因银行无对账记录，均非属地可以解决。动态更新客户信息，支撑信息精准推送。建立客户联系方式定期更新机制，充分利用业扩报装、缴费等前端业务以及“网上国网”App、支付宝、微信等线上服务平台，维护更新客户联系方式，形成客户信息更新、完善及常用信息研判常态机制。加快推进营业网点升级整合，在实体营业厅配置高效率的自助设备，如发票、单据自助打印设备等，提高单位客户办理增值税专用发票、电费单据打印业务的工作效率，实现人工服务与自助服务互为补充。

（3）创新开发客户经理线上化。

随着六大智能营销转型升级深入推进，客户服务模式发生了深刻变化，传统线下台区经理服务面临的问题也随之而来：一是服务受理渠道多但未贯通，线上线下服务欠规范，服务质量效率有待提高；二是客户经理操作终端多，携带不方便，需经常往返供电所登录系统操作；三是无法精准掌握客户信息和客户数据资源。

通过部署“网上国网”App专属客户经理模块，客户经理可以查询所属台区客户通讯录，方便在线或电话联系客户，建立基于台区关系的“电力客户圈”，实现一站式服务。该模块为所有用电客户匹配专属客户经理，提供一对一线上服务沟通渠道。客户通过个人专有电力户号或地址匹配属地网格经理，能实时获得电话沟通和在线沟通服务，享受“一站式”服务，形成足不出户、服务“一次到位”的线上服务新体系。“网上国网”App 专属客户经理分为用户侧和客户经理侧，用户侧主要打造了客户、订单、工单、支付、账单、积分、消息、在线客服八大共享服务中心，客户经理侧主要为五大板块包括：消息、个人推广、台区推广、客户档案查询、欠费查询。客户经理可以通过消息与客户在线沟通，客户经理查看用户消息，回复消息等即时通信功能，对客户开展即时的精准服务。此外，可建立群聊，设置消息显示，提升处理效率，与客户有效沟通还可以减少投诉。客户经理可在功能模块中查询“待处理”“待评价”和“已处理”的任务及任务详情。动态掌握消息处理情况，提升服务质量。实现将现场服务业务线上化、集成化，有效解决操作终端多、携带不方便、经常往返供电所登录系统操作等问题，强化现场服务质量，实现线上线下服务统一标准、统一管理。

2. 线上办电推进营商环境优化

（1）“四共”做好谋篇布局。

持续优化电力营商环境，既是服务党和国家工作大局，做好先行官，架好党群连心桥的政治任务，更是公司内强服务、外拓市场，实现高质量发展的必然选择。紧紧围绕“共情”“共建”“共享”“共赢”打造成渝双城经济圈电力营商环境新高地。

国网四川电力坚持“以客户为中心”，通过走访、调查、回访，以同理心感受客户办电过程中最关切的堵点、难点、痛点、关注点等问题，深入推广“三零三省”服务，打造“阳光业扩”办电服务品牌。为打通“堵点，”将申请资料精简为2种，严格落实容缺一证受理。为找准客户“难点”，将高、低压办电环节分别由7个、4个压减为4个、2个，全面推行移动办电，为低压小微企业提供“一日业扩”服务。

为解决客户办电跑动频的“痛点”，大力推广“网上国网”App、微信“微办电”等线上渠道，高压客户最多跑一次、低压客户一次不跑。聚焦客户接电成本高的“关注点”，严格落实低压居民及小微企业零成本接电、高压客户三省接电以及清理规范接电环节收费要求，推广临时用电租赁服务，降低客户接电成本。

同时国网四川电力主动融入地方优化营商环境工作，政企合力破解涉电行政审批难题，全方位提升客户办电体验。省级层面，推动四川省出台优化电力营商环境2.0政策，推出一站式办理、并联审批、4个工作日办结、免办规划许可证、免办施工许可证、告知承诺制等举措；地级市层面，21个地市全部出台优化电力营商环境支持政策，其中成都已迭代升级至国际化营商环境建设4.0版本；国网四川电力和四川省政府共建电力外线审批系统，实现电力外线涉及的规划、占道、掘路等许可事项一窗受理、限时办结。

（2）试点推行“房电联动过户”。

在成都市不动产登记中心开展过户业务“一窗多办”改革试点。目前已实现低压居民、非居民客户在不动产登记中心的“一窗受理”窗口办理产权过户的同时，自动生成电力营销过户业务申请，业务人员在时限内完成营销业务系统归档办理，无须通过“网上国网”App“微办电”或营业大厅提交申请资料，实现客户“无感”过户，便捷客户用电体验。

客户申请办理不动产过户时，选择是否同步办理电力过户。若勾选同意办理电力过户，则需在“一窗受理平台”中填写用电户号、用电户户主姓名及其联系方式。若客户在“一窗受理”环节无法提供用电户号，其电力联动过户申请不予受理，建议客户核实户号后转“网上国网”App或“微办电”线上提交过户申请。若“微办电”发现提交的用电户号有误或用户类型不符合办电条件的，不再生成SG186系统的预受理工单，通过短信实时发送给经办人，告知用户无法办理电力联动过户的原因，并附上“微办电”链接及业务办理流程。

待不动产中心出证后，“一窗受理平台”自动将不动产中心应传递给供电公司的5类信息及附件传递至“微办电”，并同步生成“微办电”过户业务及SG186系统预受理工单，正式进入供电公司内部业务流程。SG186系统生成预受理工单后，供电公司业务办理人员按过户资料要求完成“客户申请确认”审核环节，并启动SG186系统过户流程，流程归档后，实时发送短信告知经办人。房电联动过户系统拓扑图如图4.1所示。

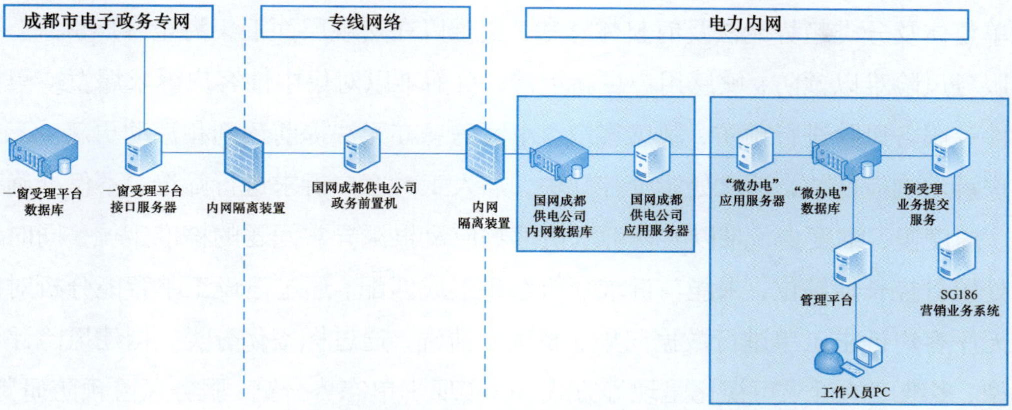

图 4.1　房电联动过户系统拓扑图

（3）打造四川专属“微办电”渠道。

国网四川电力秉承以客户为中心的服务宗旨，持续改善电力营商环境，以国网四川电力微信公众号为办电渠道，充分利用微信高频使用率，真正实现“快捷在线办电，低压客户一次都不跑，高压客户最多跑一次，提升客户体验”的目标。

引导办理，以客户为中心，利用微信普及率高优势，提供便捷办电途径，从客户需求角度开发业务办理界面，引导客户完成业务申请，提高办电效率。线上办电，由“数据跑”代替“客户跑”，足不出户即可完成业务办理，便捷高效。业务进度告知实时反馈，办电更智能，业务进度更新时，将主动推送消息进行提醒，用户也可通过公众号查询业务办理进度及后续流程，业务完成后，将表号、户号推送至客户。随时双向沟通，办电更清晰，业务办理过程中，客户可通过公众号与客户经理进行互动，客户可通过公众号对档案中的个人信息进行自助修改，保障客户联络渠道畅通。建立多层管理机制，实现管理闭环，通过“微办电”建立省、市、县分层管理机制，通过关注微信公众号，可接收线上办电业务量数据，同时可对办电异常情况进行实时提醒，营销周报数据可以通过微信公众号直接发送给相关管理人员。

3. 供电服务工单数据智能融合

在近年来四川流动人口数量增加以及缴费方式线上化转变的因素趋势下，客户诉求日益多元化增长，2020 年国网四川电力 95598 服务热线工单总数超过 200 万张，已连续三年呈增长趋势，同时客户对诉求响应质效的要求愈来愈高，沿用传统人工方式对不同渠道反馈的大量客户诉求进行挖掘分析已不现实。基于以上背景，客户诉求的分析处理面临三大痛点：一是工单趋势宏观无感，海量诉求未能归集，现有人工统计方式仅能做到以月或季度为单位对工单数据进行简单的数量分析，对工单整体及分类趋势无法及时整体感知，更难以在宏观层面汇集海量客户诉求。二是服务风险难以预防，敏感用户更新迟滞，目前难以对集中性客户诉求爆发或舆情事件等服务风险进行预防，敏感客户、小区信息亦无法提前预判和滚动更新。三是客户诉求响应低效，诉求处置管控缺失，靠人工对客户诉求进行筛选，不仅准确率低、速度慢、维度少，难以实现诉求快速响应及根源异常问题的精准定位，同时诉求处置管控长期缺位，未能与诉求分析结果形成匹配。通过建设工单智能分析对海量无序客户诉求工单进行数据归集、整理和清洗，通过标签化分类、构建风险评估模型、多维度的诉求可视化呈现等方式，以实现工单态势一览、服务风险预防研判、诉求处置提质增效等功能。

4. 营业业务智能升级

（1）优化营业区域设置。推广使用新型智能终端设备，支撑业扩报装、缴费、发票打印等业务全流程自助办理，提升前端业务办理智能化、便捷化。提升营销服务大数据应用化水平，综合各类营销数据，结合电力服务需求，聚焦客户体验、服务能力、供电质量等主题，加强对重要客户、敏感客户、服务热点、集中诉求的跟踪研判，支撑营销、设备及电网发展等专业决策。

（2）实现营业厅智能监控。在原有的营业厅视频监控平台上部署 AI 智能机器人，通过配置场景规则、设置场景路线对营业厅人员行为规范、运营规范、业务规范进行智能监控，针对不规范行为自动截图并生成行为不规范工单，极大地提升营业厅运营的管控效率，推进线下营业厅管控手段的线上化。

（3）推进无人化智慧营业厅建设运营。试点打造基于“三型一化”标准的自助智能营业厅，利用“人脸识别”“客户画像”等技术，实现客户定向分理到快捷办理的全流程智能自助服务。进一步丰富“网上国网”App 及微信营业厅业务功能，优化批量办电、可视化办电及抢修等业务场景，运用 AI 人工智能技术，实现自助咨询、线上互动，提升服务便捷性，打造客户“一网通办”服务模式，实现客户服务由线下向线上化、智能化转换，提升客户体验度。

三、聚焦线下保障，确保服务更优

1. 加快推动代收服务进村入社

国网四川电力充分认识到做好客户差异化服务的重要性，主动以客户需求为核心，研究客户线下购电、用电规律和特点，不断夯实第三方代收电费服务，满足客户多元化需求。通过对居民客户线下购电行为的分析，细分居民客户类别、深刻认识各类居民客户购电、用电对电力营销服务的需求，并调研分析得出电力营销现状以及居民客户购电行为特点和规律。

从调查来看，售电服务和线下购电需求之间的主要矛盾为：① 老年居民客户倾向于现金缴费而营业厅网点比例降低，一方面导致营业厅工作压力增大，客户排队缴费现象突出，服务质量会大打折扣；另一方面居民到营业厅办理缴费业务的行程时间增加，客户满意度不高。② 第三方代收网点的分布不均，客户异地购电频繁。第三方代收网点分布上存在主城区多，周边少的分布特点，客户异地购电比例和频率较高，这必然造成部分代收点拥堵，代收点分布与满足客户异地购电需求存在差距，难以从根本上缓解客户购电难的问题。

高效推动营业厅优化调整工作，确保营业厅优化调整后适老保障更强、服务效率更高、服务水平更优，国网四川电力推出“线上为主、代收为辅，营业厅、客户经理、政府服务网点有益补充”的线上线下一体化服务模式，全面实现代收网点覆盖到位，打造“城区十分钟缴费圈”和“村村有缴费点”，建起深入街道社区和田间地头的“营业厅”，搭起“走村入户、进社入户”联系百姓的桥梁，有效打通服务群众“最后一公里”，供电服务送到了百姓“家门口”。

建立购电网点预测与分布模型。确立第三方代收点布局图表，根据模型确立符合居民用户的分布特点，充分考虑“十分钟购电圈”要求，大型居民小区分布，拟建代收点周边的实际地理情况等因素，建立满足居民用户十分钟购电要求的网点布局。经市场调查与综合评估，对第三方代收机构是否具备开展代收业务所要求的资质、资金、人员、场所及相关制度进行全盘摸底与充分调查，对其能否长期稳定提供代收业务从信誉和能力等方面进行综合审查。

着力提升代收服务质效。通过线上、营业厅和客户经理等渠道公布第三方代收网点信息，统一代收电费网点标识，方便客户准确找到经授权的正规代收网点缴纳电费。通过规范代收网点服务，严禁代收网点向客户收取手续费等措施防控电费管理及资金风险，加强代收机构对代收网点管理、巡查和检查的日常监督，强化代收网点人员的业务能力培训，每年开展第三方代收机构服务质量评价，结合市场调查情况与用户反映问题，对管理规范性差、违约行为多、网点数量少、收费笔数和金额均较小的代收机构进行末位淘汰，切实提升服务水平。

2. 建立三级客户经理制

推行差异化服务机制。按需合理分配服务资源并与客户需求相匹配，让客户把“电用好”。建立政企客户经理制、片区台区经理制、大客户电管家服务机制。对居民用户推进片区客户经理制，建立“行政区—片区—台区”多级服务网络，对服务工作责任承包。对政府和重要企事业单位推行政企客户经理制，定期向政府部门报送电力市场分析，及时收集政府招商引资资料，提前做好电网规划建设，推动重点项目的落地。对大客户配置“电管家”，进行需求收集及聚类分析，制订差异化服务策略，积极拓展增值服务内容和深度。持续加强高危及重要客户安全服务，确保“服务、通知、报告、督导”四到位。

实现角色定位升级。客户经理在开展客户服务过程中实行 7×24 小时运行机制，对客户服务内容拓展为全部涉电服务需求。客户经理被赋予 9 种角色定位，即引导者、联络者、倾听者、传播者、发言人、分析师、应急者、调配者、谈判者，客户经理九种角色及特征活动（见表 4-1）。在为用户提供主动、智能、精准、优质的“一揽子”供电服务基础上，提供“定制化，个性化、人性化”的附加服务，实现服务水平的全面提升。

表 4-1　客户经理九种角色及特征活动

角色	特征活动
客户关系方面	
1. 引导者	挖掘客户潜在需求，引导客户经济、安全用电
2. 联络者	公司内部与客户之间的联系人，负责协调相关服务活动与关系维护等
信息互动方面	
3. 倾听者	保持客户接触，实施客户需求收集，闭环回访客户，倾听客户问题解决情况
4. 传播者	向公司内部传递客户需求，作好公司内部和外部信息的“神经中枢”
5. 发言人	向客户解读公司理念、电力政策，解答客户用电问题
服务响应方面	
6. 分析师	分析客户用电情况，如用电安全、隐患等方面，出具经济用电方案，当好客户的“电参谋”
7. 应急者	当客户产生应急处置协助需求时，为客户提供相关应急处置方案建议
8. 调配者	协调、询问、授权内部相关资源，联动解决客户需求，实现“内转外不转”
9. 谈判者	参与客户需求解决谈判，如实施合同能源管理

实现服务理念升级。紧紧围绕“以客户为中心、专业专注、持续改善”的服务

理念，创建“5A”管家式服务理念和标准体系，即随时（Anytime）、随地（Anywhere）、尽一切可能（Anyhow）、为任何客户（Anyone）、提供任何用电服务（Anyservice），与客户心跳同步，做到“使命必达”。

实现队伍配置升级。国网四川电力打破层级、专业壁垒，从各级、各专业选拔1.53万余名员工，组建客户经理服务团队，以客户精准分类、区域网格划分等方式实现客户经理服务全覆盖。

3. 网格化服务模式

客户服务实现网格化全覆盖。按照客户所属群体并结合辖区分布，以县（区）公司为责任主体，按照工业（经济）园区所在地、城乡行政区划，综合考虑地理位置、区域环境、客户数量、服务能力等因素，对政府及园区客户、重要高危客户及其他客户进行网格化划分，把客户全部纳入网格化覆盖范围。

机构优化精准靶向客户需求。打破原专业化管理壁垒，试点在部分县（区）公司组建高压客户服务班、城区营配融合供电服务所、服务站等综合性业务班组，分别负责全域高压客户、城（农）网低压客户“一揽子”供电服务工作。以供电所（服务站）+城网服务班所构成的业务融合班组为承载单元，形成县（区）、镇（乡）行政区划为基础的服务组织架构。

“四定”管理全面构建责任体系。在业务融合班组为承载主体的大网格内，乡村按配电台区，城区按供电片区、园区细分小网格，以“网中有格、格中有人、人有其责”的模式配置客户经理，依托以客户经理为核心的供电服务最前端，通过发放客户连心卡、公示网格责任人、建立微信服务群等方式，构建起一对一、一对多的客户常态联络机制，结合班组工分制推行“四定”管理（定员、定额、定责、定置），“前端服务精准到人”的责任体系全面形成。

4. 开启“村网共建、社网共建”政企合作新模式

国网四川电力通过“网格化供电客户经理+村社‘网协员’”服务协作方式，大力推行“村网共建、社网共建”模式，深化政企合作，整合公共资源，发挥基层优势，构建市县村社四级贯通的公共要素服务保障体系，借助村社网协员及时掌握和回应群众各类诉求，增强基层治理能力，打造与地方经济社会发展相协调、与乡村振兴相适应的供电服务新体系。

“村网共建”健全乡村公共要素保障。国网四川电力基于乡村供电服务的现实状况，针对面临的突出问题，积极探索解决的方式和途径，在绵阳试点构建“村网

共建”服务模式，织密乡村民生“服务网”。“村”代表乡镇政府、村社；“网”代表电、水、气、银、信、邮等公共要素服务企业；“村网共建”按照“政府牵头、企业参与、村社实施、要素融合、共建共享”思路，坚持电力先行，整合公共要素企业服务资源，搭建乡村共建共享服务平台，通过政府选拔的村（社）“网协员”将公共要素服务送到农村群众家中，实现要素执法和公共服务有效落地，为乡村振兴、服务民生提供有效解决方案。“政企融合、村网共建”双轨合一，紧密结合四川省委、省政府乡镇行政区划调整改革重大部署，推动电力服务融入地方政务服务体系实现便民一站式服务，借助政府网格员收集客户用电需求实现政企服务双轨合一，开展定期驻点和供电服务进村社接待日，依托政企服务平台资源大力宣传推广线上便民服务渠道，做到“人人都是营业厅”。

“社网共建”完善网格化服务基础。为更好服务城市社区建设，充分发挥“三级客户经理”在服务提升基层治理能力与治理水平的先锋作用，国网四川电力在成都试点探索社区网格治理与电力网格服务协同联动、共建共享的“社网共建”供电服务体系，通过网格结对共建实现供电服务向社区的进一步延伸，使电力服务充分融入社区、深入网格。

以机制建设固化服务模式。完善电力元素进驻，在供电区内599个城市社区开辟电力元素角，公示线上线下服务流程、电价政策、各类业务流程等便民服务信息，并逐步根据需求完善驻点设施配置。打造供电服务示范社区，根据街道或社区建设情况，共107个供电服务示范区，示范区内设置供电服务专区，设置明显的供电服务标识、电力信息公示区域，定期组织电力宣讲、为专区提供专业用电指导、组织党建联建活动等。落实共建服务工作，建立“一周一社区、一月一街道”走访机制，客户经理每周走访辖区内社区不少于1个、每月走访辖区街道不少于1个。走访服务内容包括收集客户诉求、往期问题解答、政策咨询、线上业务推广等工作。以流程建设规范服务标准。梳理并发布《供电服务场景标准化作业指导书》，通过明确客户服务场景的标准流程、所需资料、服务风险点、标准服务话术，规范政务中心、共建示范区、营业厅等窗口基础服务，确保客户服务现场用语标准、流程统一。构建共建监督体系。内部构建两级监督体系，构建柔性督导小组开展现场督导，对政务中心、共建示范区、电力元素角、客户经理现场服务等进行检查及评价。加强社网信息沟通。建立客户经理与政务网格员一对一常态联络机制，及时掌握服务区域内客户的用电需求、信息变更、人员流动等信息。完善客户经理服务小区信息，进驻具备条件的居民小区物业或业主微信群。

5. 不断提升重要客户用电安全管理水平

常态做好高危及重要客户定级动态管理。积极配合政府主管部门对供电区域内的高危及重要电力客户名单常态开展梳理、甄别和定级工作，并上报各地市政府主管部门备案，同时在营销业务系统中动态更新重要客户基础信息台账，实现客户资料、SG186 系统档案、现场信息“三统一”。持续开展用电设施安全隐患排查与督促治理。严格制定并执行用电检查周期性计划，结合公司春（秋）季安全大检查、迎峰度夏（冬）保供电等工作，合理安排专项用电检查，及时（每季）向市（州）政府有关部门报备，落实责任和人员，实行跟踪督办，主动为客户提供技术支持，持续督促客户落实整改措施，做到“服务、通知、报告、督导”四到位。全面加强高危及重要客户应急保障。严格落实高危及重要客户“一户一案”要求，督促客户单位制订反事故预案和非电保安措施。配合政府主管部门组织开展应急预案联合演练，提高突发事件应对能力，完善应急保障体系。加强跨部门协同配合，密切关注灾害天气和电网检修、故障情况，及时对重要客户发出预警通知，建议采取避险停产措施。做好大面积停电、重要客户停电、舆情、集体投诉等风险事件监测，严格执行重要事项报备和供电服务信息零报告制度。细化落实疫情防控期间供电服务保障和应急保电措施，进一步提升疫情防控重点客户供电保障水平，切实做到守土有责、守土尽责。

四、聚焦效率提升，强化智能管控

1. 前台敏捷抓取客户诉求

聚焦电网发展保障，进一步深化线上线下政企信息共享，做好“电力预装”服务与配电网季度滚动规划结合，提前布局电网建设，落实“让电等客户”要求。聚焦差异化服务，严格落实出资界面，全力推行低压小微企业“一日接电”及中小型企业极简办电服务，大型用户接电严格匹配本体建设时间，不断提速接电时间。聚焦高效服务手段，升级迭代对外服务渠道和智能化办电工具，提升内部协同效率，保障用户接电时效。聚焦新基建及重大项目保障，强化 5G 基站及充电设施各区域无缝接电保障，专属客户经理全程做好重点项目接电服务，助力重点项目提前投运释放电量。

畅通供电服务渠道。在“网上国网”App推广方面，丰富推广手段，落实激励举措，提升推广力度，充分融合营销业务系统、营业厅等多渠道信息，开展“政企联动”，实现一点申请多端同步，提升App办电的服务效率。

2. 智慧中台全面做好数据支撑

深化“网上国网”App与营销系统及政务平台数据贯通与应用，实现“一网办电、一证办电。增强办电政策刚性执行和服务信息透明度，杜绝业扩“三指定”和“乱收费”等行为，支撑“阳光业扩”真正落地。推广可视化报修，普及抢修移动App的应用，运用自有互联网渠道发布抢修车辆路径和实时位置，实时主动向客户推送停（送）电信息。强化客户基础信息治理工作，政企联动推广“转供电费码”应用，推动客户联系电话准确率和客户入群率指标双提升，实现线上精准“点对点”用电信息推送服务。

将供电服务与政务服务联动，实现数据多跑路，客户少跑路。打通政务信息平台数据接口，自动获取企业证照信息，申请资料向“零”靠近。对重点招商引资项目提前获取项目编码，提前做好电网规划建设，客户服务向“前”延伸；贯通政企办事渠道，在四川政务服务网、天府市民云等政务平台链接网上国网办电、查询、缴费等功能，实现一网通办。

多种手段开展停电告知工作。在微信公众号中实现停电精准信息推送，并通过腾讯地图对停电区域进行可视化展示。协同腾讯地图，在故障停电发生1小时内，通过地图精准定位停电区域，向停电区域客户推送对应朋友圈广告，目前已适用于超过60次紧急信息发布。协同中国移动，在温江试点开展停电信息短信发送，通过轨迹及行为研判，实现停电信息精准送达。

3. 管控优化打造坚强后台

省市县三级全业务管控机构初步搭建。建成省级营销全业务管控大厅，得到国家电网有限公司领导高度评价。强化省级稽查管控力量，以省级营销服务中心机构调整为契机，成立“营销稽查与反窃电部”“营销全业务管控及95598服务部”，分别负责营销稽查和全业务管控工作。强化市县级机构建设，以营销服务模式和稽查管控模式智能化转型为契机，按照“前端做减法、后端做加法”的思路，优化调整营业厅，做优、做实管控机构，市、县级管控机构全部成立。结合营销管理模式的智能化转型，将抄核收、营业厅相关人员转岗充实到管控环节，强化后端管控力量。成立智能稽查专家库，目前专家人员共计60人。

智能管控工作机制初步建立。印发《国网四川省电力公司营销全业务管控工作规范》，全面促进管控工作规范推进。建设智能营销全业务管控平台和“川电客户经理云”App，拓展管控层级，打造“省、市、县、所、人”五级管控体系，实时对营销各专业关键指标、业务异常或预警的精准定位，各级人员实时在线管控，有效提升末级业务质量，促进营销水平整体提升。建立营销稽查评价机制，印发工作质量评价标准，按季度开展稽查工作质量评价，并将评价结果与业绩考核挂钩。强化服务资源调度统筹和服务目标前端落地，优化各级服务能力和效率，健全省、市两级服务调度支撑力量，打造前端“网格化”综合服务和后台“专业化”服务支撑体系，对接客户诉求，贯通“强前端”与“大后台”，调度服务资源为客户提供及时、准确、优质、低成本的供电服务，实现客户与企业共赢。

重塑顺畅业务管理流程。一是构建业扩全流程数字平台，建设 10 千伏业扩“端到端”小程序，从间隔审批到停（带）电计划办理实现线上高效协同。二是推广应用“网上国网”阳光业扩模块，贯通 SG186 与 PMS、GIS、D5000 等系统，实现变电站间隔、可开放容量、电力管沟等资源信息共享，结合电网现状与规划，自动生成 10 千伏高压供电方案。三是试点运用“计量资产全寿命周期流程管理工具”，实现从新设备领取到废旧设备入库等全流程数字化管理，提升计量作业效率和资产管理规范性。四是升级供电所综合运管系统，实现分类派单、指标实时管控预警、业务轨迹在线监控、安全工器具智能管控等功能。

落实渠道业务受理管控有效。一是优化“网上国网”App 及营业厅业务受理规则、作业流程、工作质量评价标准及考核机制，实施业务系统、评价公告模块适应性改造，完成人员培训，启动实施“网上国网”、营业厅业务受理规范化运营。二是基本做到“网上国网”“受理→办结”端到端全程有效管控，营业厅“业务受理→业扩接单”背靠背作业，渠道业务受理工作质量评价结果分层自动公告排序，引导各单位自助查缺补漏。三是构建省营销服务中心、地市供指中心支撑渠道业务受理运营工作机制，开展运营质量数字化评价监控、问题预警督办，有效管控工作质量。

加强客户服务智能化研究应用。从营业厅服务、网格现场服务、服务异常响应等方面着手，持续推进停电敏感分析、投诉智能分类等成熟大数据模型迭代优化；深化风险智能识别应用，支撑诉求风险智能监测研判，及时分层级提级督办；进一步开展数字化稽查等新课题研究储备。优良的电力营商环境有力推动客户、电网企业、政府三方共赢。

第二节　实施成效

一、线上办电新，送进客户“家里面”

（一）多服务渠道高效融合

1. 大力推广“网上国网”

异业跨界合作，挖潜渠道合作新模式，与招商银行签订承担银行网点推广新增注册用户战略合作协议，开展“国网+招行”大型联名活动，用户通过“网上国网”缴费后选择通过招商银行支付方式即可获得招商银行优惠活动，通过国家电网与招商银行这两个具有号召力的品牌形成联动品牌效应，提高推广效率，活动实行2个月期间“网上国网”新增注册超过10万人。

完善省市县三级运营推广体系，在“网上国网”上开展“缴费日”优惠活动，每月一次通过“网上国网”缴费立减，并配齐相关宣传物料，共开展9期线上媒体开展宣传活动，每期活动活跃量较非活动时期提升8.06%。

疫情防控期间，通过95598官方渠道发送电力服务短信，利用封闭办公、居家隔离契机，大力推广“网上国网”App缴费、故障报修功能，打造足不出户用好电，足不出户服好务的企业形象，坚持防疫情和保供电两手抓，化危为机利用微信朋友圈、电视电台、无人喇叭、无人机等方式全面推广“网上国网”等线上服务渠道，大力宣传“不见面”线上缴费、办电，确保服务不中断、质量有保障。

开展“网上国网”App宣传专项推广工作，编写《关于共同做好“网上国网”App在本地区推广使用的通知》和《致广大居民和企业用户的一封信》，促请下属多个市区以经信的名义下发通知，推动市、区两级政府宣传公司疫情防控服务举措，推广“网上国网”App。

2. 推进办电渠道升级

通过功能进一步优化，“微办电”将作为四川地区主要的业务办理渠道。实现办电模式的转变，客户提交申请资料时，系统自动对身份证信息、产权证明、营业执照等资料进行真实性、一致性审核。实现由之前的“人工审核”向“申请源头自动审核”转变，提高工作效率，降低人工成本。联手政务平台，实现真正一证办理。“微办电”联手政务平台，实现与政务平台资料共享，如各地市房管局，用户在提交业务申请时，只需要上传身份证，“微办电”通过政务平台直接调取用户产权证明、营业执照等证件信息，实现人工零审核，提高工作效率，真正实现一证办理。打通“微办电”与“微应用”，“微应用”为业扩人员使用的移动作业平台，可进行现场查勘信息上传、电子合同签订、业务远程归档等功能。通过“微办电”与“微应用”互联，从而实现业扩全流程线上办理，“微办电”业务受理信息可直接传递至“微应用”业务平台，客户经理可直接在“微应用”平台上进行业务办理操，大幅度提升客户体验。进一步丰富“微办电”业务功能，纳入更多常用业务，提供电费余额查询、电费充值、更名过户等常用业务，业务办理方便快捷。“微办电”各环节优势特点见表 4－2。

表 4－2　　微办电”各环节优势特点

优势环节	优势特点
系统安装	直接关注公众号无须安装，不占手机内存，方便快捷
实名认证	具备实名认证功能，可追溯用户
业务申请	界面简洁清晰，自动读取实名认证证件信息，体验更好
办电进度查询	主动推送业务进度信息，同时用户可查询各节点信息，信息实时反馈
户号绑定	新增扫描电表绑定方式，用户更多选择
档案维护	具备用户直接维护档案个人信息功能
客户服务	业务办理过程中，用户可直接与台区经理进行互动
主动服务	微信公众号可以提供主动服务，如推送停、送电信息和余额提醒等

3. 多场景推进业务线上化

分类构建业务场景，输出定制化服务产品。全面落实国家电网优化电力营商环境“九更”措施，对从“用上电”到“用好电”的全业务过程，按照流程逻辑和数字化原则，根据五大应用场景，配套输出服务产品，不断增强客户“电力获得感”。

在“业务申请环节”，依托“成都微信公众号”和“网上国网”App，实现“一站式”预约服务。在“客户资料获取环节”，联动政府实现电子证照、电子印章共享调用，实现“零证”办电、“刷脸”办电。在“受电工程造价预算环节”，部署“可视化投资估算模块”小程序，为客户提供模拟造价参考。在“现场验收环节”，依托“川电客户经理云”小程序和“微应用”等实现低压业务“查勘、装表、送电、开卡”一站式作业，依托“办电 e 助手”实现高压业务线上视频“云办理”。在“质量评价环节”，建立客户受电工程“好差评”模块，由客户对设计、供货、施工单位进行多维度评价，并向社会公布评价结果。编制完成《10 千伏及以下客户工程典型设计》《10 千伏及以下工程造价参考手册》等在各级营业厅正式对外公示，方便客户查询比对，为客户测算投资成本提供参考。借助移动作业终端与供电方案设计一体化系统，推动低压项目供电方案、工程设计等流程线上办理、并联推进，客户全程可视可见，简单业务一次都不跑。打造便捷、透明的价费应用场景。以“成都微信公众号”为主要服务载体，开发“价格公开查”功能、提供精准到行业类别及用电时段的价格查询服务；部署“电费自主算”、提供阶段性用电量及成本分析、制定个性化节能建议；做优“电费方便缴”，在微信、支付宝、天府市民云等渠道设置清晰的缴费通道，方便用户自主选择缴费方式；提供“税票预约服务”，实现电子发票线上推送、预约打印及寄送服务。

（二）智能管控水平提升

1. 工单诉求智能抓取

工单整体情况的可视化展示，可以直观的呈现一段时间内工单分类占比、区域分布、变化趋势、客户诉求热词云等情况。实现风险等级评估，基于风险投诉模型，结合聚类算法评估客户群体所在小区或区域的高中低风险等级，另外通过客户历史行为路径，构建单一客户风险指数，为降低投诉风险的精细化管理和决策提供数据支撑。实现数据分析报告一键生成。根据制定的模板，一键生成对应时段的数据报告，实现机器代人的工作模式，有效促进企业数字化转型。

2. 营业厅运营规范

升级留存营业厅功能。按照“建网格、推线上、分支网点全自助”渠道发展规划，发挥“互联网+”线上办电、线上交费及客户经理预约上门综合服务等渠道替代作用，基于营业厅运营数据持续开展跟踪分析，对有效实施业务分流的城乡分支营业厅持续推进整合优化，深化营业窗口标准化管理，全面推行综合柜员制，统一修订营业窗口“运营规范”，实现客户用电业务一站式办理。常态开展营业窗口规范化评价检查，标准化采集窗口服务和业务质效数据，综合分析区域特点和服务能力，提出个性化服务改进措施。细化营业厅、现场服务等场景下“网上国网”App

及主题活动推广策略，规范开展业务推广，提升推广效果和客户体验。为客户提供便捷服务，减少临柜次数。

3. 新能源服务成效显著

在做好民生服务的同时，服务好政企客户，既要稳存量，更要拓增量，千方百计培育公司营销新的增长点。要坚持“绿水青山就是金山银山”的理念。加快推动构建以新能源为主体的新型电力系统，为全面建设社会主义现代化国家提供清洁低碳、安全高效的电力保障，国网四川电力积极践行这一理念，紧抓“双碳”契机，依托四川水力资源丰富的优势，精耕电能替代，着力推进再电气化，提高电能在终端能源消费占比，四川清洁能源装机容量占比已超过80%。在推动消费侧的电能替代工作中，国网四川电力因地制宜，打造电能替代的四川特色，首创燃煤自备替代，鼓励企业停发燃煤自备电厂消纳清洁水电，基本实现“能替代、全替代”。推动各级政府出台锅炉、窑炉煤改电政策，在电厨炊领域，推动省内火锅“气改电”，被人民日报誉为“电能替代的四川味道”。同时发展电烤烟、电制茶、与机场集团携手打造“绿色空港”，积极引入社会资本进入电动车充换电市场，四川省2020年充电量为2015年的39倍。狠抓智能稽核和反窃查违，深入推进高损、负损台区治理攻坚，利用智能手段堵塞“跑冒滴漏”。探索加强正向激励机制，营造愿意创效、敢于创效、积极创效的良好局面。鼓励拓展增量市场。

二、线下服务新，送到客户“家门口”

（一）代收、客户经理服务全覆盖

优选服务规范、人流量大的代收机构，淘汰服务不规范的代收网点，将代收服务网点进村进社区，确保至少一村一点、一社区一点，确保被撤营业厅周边10分钟路程内的代收网点覆盖到位，实现代收服务全覆盖，做到“村村有缴费点”“城市十分钟交费圈”，配置代收网点3.7万个。全域推行供电客户经理驻点服务，全面进驻全省179个市政县政务大厅、2226个乡镇便民服务中心和23271个党群活动中心，充分发挥“供电客户经理+村社网协员”服务融合优势，建成配置1.53万名客户经理、3100名村社网协员，服务31.96万个台区、8600个社区、1.75万个村的网格化服务体系，为孤寡老人和留守儿童提供主动关爱服务，高效打通服务百姓“最后一公里”。

（二）“村网共建、社网共建”架起连心桥

因地制宜做好特殊群众服务。一是坚持问题导向。聚焦老年人等特殊群体缴费、报修、信息查询等主要服务场景，重点解决突出、紧迫的问题，不断提升服务水平，切实保障基本服务需要。坚持因地制宜。对突出共性问题，采取普遍适用的措施，针对区县经济发展水平和各单位供电服务基础差异，以及特殊群体教育背景、生活环境差异，采取有针对性、差异化的解决方案。坚持线上线下服务相结合。线上服务更加突出人性化，紧贴老年人需求特点，充分融入“适老化”设计；适当保留满足老年群体需求的线下营业厅、代收网点等传统服务渠道，并逐步向线上转移，优化客户经理服务模式。进一步优化流程、简化手续，不断改善老年人服务体验，与线上服务融合发展、互为补充，有效发挥兜底保障作用。二是客户经理服务到位。深化网格客户经理服务，及时收集特殊客户服务诉求、问题及建议。开展停送电信息主动告知，确保将有关供电服务信息及时传送至村社特殊群体用户。三是服务特殊群体。协同党服队保障特殊群体基本服务需要，收集特殊群体信息，形成白名单，建立“一对一”“一对多”联络，优先响应特殊群体服务诉求，定期开展故障隐患排查、提供电费代缴等服务。四是探索留守老人及弱势群体智能贴心服务模式，协同社区建立社区特殊群体，特别是独居、空巢老人的信息台账，对其用电行为进行动态监测及数据分析，当用能数据出现异常或安全隐患时，通过台区经理向社区预警，与社区网格员一同对用户实地走访确认，排查隐患。

“村网”推动电力保障更优。梳理电力设施保护、属地协调、运行状况、服务需求等9类电力供管服务，编制《“网协员”工作指南》，强化“网协员”服务指导。配备乡村“电管家”专业指导，支持“网协员”参加国家职业技能鉴定取得初级电工证。组织“网协员”常态化开展用电宣传、安全用电入户检查，及时反馈并协助解决供电隐患问题。“客户经理+网协员”健全公共要素保障。发挥电力先行、引领作用，将电力服务新模式拓展至公共要素保障领域。促请乡镇政府搭建“多网合一”平台，推动自来水、天然气、通信、广电、邮政、银行等公共要素保障企业加入服务保障体系，共同做大做强做优“网协员”队伍。聚焦电动汽车、综合能源发展等乡村产业新业态、新模式，依托“网协员”队伍，推动实施乡村要素保障基础设施一体化建设，服务政府科学布局乡村生产生活生态空间，实现公共要素管理职能在

市县镇村四级有效穿透。

“村网共建”助力乡村治理完善。结合“我为群众办实事”实践活动，开展“共产党员服务队进乡村”活动，设立乡镇供电所党员服务队支队456支，设立乡村联系点11270个，让党员服务队旗帜在乡村振兴一线高高飘扬。以“荣誉队员”方式将党员身份“网协员”、村社干部纳进支队，进一步密切企业与政府、群众之间的纽带联系。以党员服务队支队为载体，在农村清洁低碳用能、占领市场增供扩销等方面发挥天然属地优势，联合“网协员”探索“一体四翼”发展布局落地实践。一是通过“网协员”走村入户开展为民服务，大力推广“网上国网”“移动通信”“邮政快递”，动员子女线上为父母充值缴费，全面畅通公共要素服务“最后一百米”，着力构建起业务办理易、响应时间短、服务效率高的乡村民生服务新体系。通过“村网共建”，充分发挥村社干部队伍、社会治理力量等作用，统筹用好各方力量，大力推行“一员多用”，高效推进乡村公共基础设施一体化建设，科学布局乡村生产生活生态空间，充分发挥整体效益，避免人才和财力浪费，切实提高基层治理效能，助推乡村振兴。二是依托“村网共建”，将公共要素行政执法权下沉至乡村党群服务中心，实现了水、电、气、邮、信、银等公共要素管理职能在市县乡村四级的有效穿透，有效解决了公共要素保障职能在镇村一级长期缺位，“企业想管不能管、政府能管难以管”的两难局面，加快了基层治理体系和治理能力现代化建设。就电力而言，通过实施“村网共建”，强弱电同杆架设、私拉乱接挂钩用电、线下钓鱼触电伤害等违规违法行为明显改善，电力行政执法和用电安全保障在乡村得到实质性落地，群众安全意识明显增强，安全管理水平大幅提升。三是通过实施“村网共建”，各要素保障企业分别提供购买信息服务费，可提升村社干部“网协员”待遇，有效增强村民返乡创业、服务家乡的吸引力。目前，负责协助电力服务的“网协员”有3100人，随着农电持续减员，国网四川电力将在全省有序推广，综合考虑其他公共要素保障企业的加入，可为乡村提供更多就业岗位，将对加快“幸福美丽乡村”建设，促进城乡均等化发展创造更大的社会效益和生态效益。

三、营销模式新，成本支出“降下来”

通过营业厅优化调整，统筹整合前后端服务资源。聚焦内部资源优化整合，实现人力效率大幅提升。一是人力资源全面盘活。将营业厅优化调整节省出的2577

名员工培训转岗充实到服务一线、后端管控和生产等其他结构性缺员岗位，其中1062 人调整至营销其他岗位（占比 41.21%），1505 人调整至生产等非营销岗位（占比 58.40%），促进人力资源在公司范围内得到更高效率利用。二是人力效率大幅提升。营业厅优化调整后，依托科技手段，营销人均售电量由 669 万千瓦时增长到 1196.6 万千瓦时，同比增长 78.9%；人均负责用户数由 1156 户增长到 1752 户，同比增长 51.6%；人均维护智能表数由 1038 只增长到 1774 只，同比增长 70.9%；人均办理新增业务量由 9.8 笔增长到 16.2 笔，同比增长 65.3%，人员减少但人均效率大幅提升。

基础装备水平有效提升。四川省在运电能表 3443.56 万只（不含明星电力），在运智能电表自“十三五”以来增长 60.07%，覆盖率提升到 99.93%，13 版智能电表占比提高到 89.92%。

采集设备和通道更加优化。四川省在运采集终端 51 万只，自 2019 年以来全省经营区内大力推广 4G、HPLC 模块采集通道稳定性进一步提高。

采集成功率不断提升。持续强化采集系统运维管理，加快提升采集通道可靠性，全口径自动采集成功率提升到 99.77%，全口径全量采集成功率达 99.45%，由传统人工抄表转变为远程抄表工作模式，大幅提升作业效率。

台区线损合格率大幅提高。强化指标管控，建立“日公示、周通报、月考核、落后单位督办”机制，开展专线用户（电厂）母平及线损监测，通过用电信息采集系统建模配置，实现专线用户异常监测，及时定位现场装置异常情况，有效防范“发”“用”两侧窃电量、窃电价，避免计量差错。

调价方式更加智能高效。充分发挥采集系统远程通信优势，采取远程调价和自动召测比对，实现调价模式由“现场调价”转变为“远程为主、现场为辅”，大量节约人力物力。

量价费规范化管理水平大幅提升。强化量价费管理质效，推动电费“四自”向“五自”升级转型。自动抄表率提高；建成量费中心，通过加强业务流程规则校验、优化审核发行规则，自动审核通过率提高到 99%，初步实现智能审核目标；严格执行“营财一体化”销账方式，大力推进银行系统改造，高压客户通过用电户号转账，实现全自动对账销账，企业线上缴费率达到 78%，基本解决电费“上清下不清”顽疾。

有效堵塞经营管理中的跑冒滴漏。以大数据分析为载体，推进科技稽查、自动稽查，建立“线上分析研判+线下精准打击”的智能化工作模式，精准查处业务异常、窃电和违约用电。

常态化开展电价调整后的召测比对。通过大数据、智能化手段，采取远程自动召测比对，顺利完成调价后本地费控电表的稽核任务，减少人力，有效防范跑冒滴漏，消除了长期存在的电价隐患。

探索建立反窃查违工作新模式。深化应用智能营销体系建设成果，探索建立“线上研判和发现异常+线下精准打击”的反窃查违工作新模式，持续提升反窃查违智能化水平。深化反窃电大数据应用分析，充分调用电能量信息采集系统、营销SG186系统等数据，构建反窃电大数据分析预判模型，有效建立“母平管用户及电厂专线、公线管专变、台区线损管低压用户”三级损耗监管体系，大大提高窃电嫌疑用户预判精准度，全面防范跑冒滴漏，确保电量电费颗粒归仓。

四、取得成效新，效率、满意度“升上去”

依托供电服务新体系下的科技进步和管理提升，“十三五”以来，国网四川电力营销人均负责用户数同比增长51.6%；人均办理新增业务量同比增长65.3%，营销人员减少但人均效率大幅提升，客户数同比增长27.27%，新体系彻底改变了以往人海战术、手工作业的传统服务模式，推动供电服务由手工向科技、被动向主动、局部向系统、作业向管控、粗放向精益、封闭向开放全面转型。

让百姓满意，不用再往返营业厅，足不出户或就近便捷办电。服务模式变革升级。服务模式由“线下化自营实体厅为主”和“自营+代收”的半线上化逐步向“线上化+代收”的线上化服务阶段转型。在国网系统率先创新开展了营业厅优化调整工作，营业厅优化率86.18%。提前完成营业厅优化调整两年计划，节省出的人力和成本充实到服务一线和管控支撑，进一步提升服务质效，基本形成“线上服务到户、代收服务进村入社区”服务新模式。人民网、新华网、四川电视台等媒体多次对相关工作宣传报道，得到社会广泛好评。服务手段不断丰富。推广“网上国网”App，开发上线“微办电”，与微信、支付宝合作，实现集高低压交费、办电、咨询、查询、报修、普通发票打印、手机号码修改等81项功能于一体的线上供电综合服务，形成低压用户以“网上国网”为主、微信+支付宝为辅的线上服务模式，极大方便客户感知，线上交费率、办电率分别提升到75%、99.75%，实现让数据多跑路，让群众不跑腿，将供电服务送进百姓“家里面”。构建“阳光业扩”服务模式。公开办电服务信息，主动及时公开电费电价、服务规范、验收标准等信息，保障用户知情权。推行电网资源信息可视化，支持移动作业终端实时获取与可视化展示，提升供电方案制定透明度。免费提供设计及造价咨询，完善10千伏及以下客户受电工程典型设计及工程造价参考手册，通过线上线下渠道公开发布，为客户提供参考。构建“智能业扩”工作模式。全面推广移动作业终端现场办电，实现业务工单自动生成派发、客户档案和电网资源实时查询、业务流程现场推进、客户电子化签名功能，完成“现场同步”全覆盖。推行业务表单和客户档案电子化，开展低压工程现场勘查设计一体化作业，实现低压业扩配套工程线上管控。推动办电服务线上化转型。深化“线上办电”应用，实现全量业务类型网上通办，客户自主查看并下载供电方案答复单等业务表单、线上签订电子化供用电合同、评价服务质量等功能，所有互动信息线上流转，真正做到客户办电全流程不临柜。全面推广“办电e助手”等服务产品。支持客户、客户经理、设计施工人员等在线实时交流，促进与客户友好互动，提供全环节技术咨询，重要信息变更与关键时间节点实现记录留痕。创新组织模式，加强“前端+后台”服务团队建设，突出线上办理质量管控，及时进行预警、催办，保障办电及时性。继续加快推进老旧小区改造。积极争取改造资金，加快改造移交。稳步推进城镇合表小区改造。抓好农村合表户改造，结合农网改造工程，提升供电服务质量和助力脱贫攻坚。

构建“社区（片区）客户经理、政企客户经理、大客户经理”三级客户经理制，全域推广台区网格化综合服务，实现客户管理按“责任田”划分，营销量价费损和服务等核心指标承包到人，客户经理“一口对外”、业务后台“协同作业”，高效精准响应到户，在四川全省建成配置1.53万名客户经理，服务31.96万个台区、8600个社区、1.75万个村的网格化服务体系。强化安全和应急抢险服务，“十三五”期间圆满完成各类重大保电活动670余次，完成重大抢险救灾应急保电任务30余次，得到四川省委省政府、国家电网有限公司以及社会各界的充分肯定。构建政企“联动共享”办电机制。优化政务数据共享链路，实时获取、在线验证身份证件、营业执照、不动产登记证等信息，实现居民客户“刷脸办电”，企业客户“一证办电”。推动涉电行政审批“一站式”办理，接入工程涉及的规划许可、开工统筹、占道许可、掘路许可、绿化许可等事项入驻政务大厅统一受理，优化线上并联审批平台功能，确保实现4个工作日内办结。

让企业满意，企业不用再到营业厅排队缴费和打印发票，线上即可办电，电费专票免费寄送。服务手段不断丰富。推广“网上国网”App，开发上线“微办电”，与微信、支付宝合作，实现集高低压交费、办电、咨询、查询、报修、普通发票打印、手机号码修改等81项功能于一体的线上供电综合服务，对高压用户形成以“国网电商”+“网上国网”为主、各大商业银行为辅的线上服务模式。

让员工满意，依托科技手段，营销人员从手工作业解放出来，工作效率更高。信息系统运行效能大幅提升。改变IOE小机、集中存储架构，采用分布式，微应用、内存数据库和消息队列机制，系统数据存储能力、计算处理能力、系统可扩展能力大幅提升。国网四川电力3500万户的采集数据入库耗时提升至3.5分钟，效率提升近3倍；采集成功率统计效率提升5.5倍；台区线损统计效率提升了11.4倍。建立营销档案中心，实现了186系统与采集系统客户档案的融合，建立采集数据中心，实现营销系统与采集系统采集数据的融合；通过消息队列技术，采集数据提供给营销业务系统，效率提升近10倍。

“十三五”以来，国网四川电力投诉下降了63.8%，万户投诉下降了72.8%。其中，营销类（营业及服务）投诉下降了94.9%，营销类万户投诉量下降了96.2%，客户满意率由95%提升至98.7%，切实让人民群众由“用上电”到“用好电、好用电”。

供电服务新体系运行以来，服务成效被人民网、新华社四川网、四川电视台、四川观察、国家电网报等多家媒体报道，多次获国家电网有限公司领导、四川省委省政府领导批示表扬，为建设电网企业现代供电服务新体系，蹚出了一条四川道路，干出了一份四川经验、打造了四川卓越服务样板。

第五章 工作实践及成效

实践案例 1

“一平方”的社网共建，“一公里”的服务保障

（国网四川电力成都供电公司）

一、实施背景

为更好服务成都市城市社区建设，充分发挥“三级客户经理”在服务提升基层治理能力与治理水平的先锋作用，国网四川电力成都供电公司（以下简称成都公司）已逐步探索社区网格治理与电力网格服务协同联动、共建共享的“社网共建”供电服务体系，通过网格结对共建实现供电服务向社区的进一步延伸。为践行客户为中心，进一步完善“社网共建”供电服务体系，在充分考虑各区县、经济发展水平及各社区客户需求特点基础上，推进共建体系与共建流程设计，使电力服务充分融入社区、深入网格。同时结合《关于切实解决老年人运用智能技术困难的实施方案》（国办发〔2020〕45号）推进老年、残疾等特殊群体适应供电服务渠道线上化、智能化发展，解决特殊群体办电、用电困难的民生兜底问题，持续提升成都公司供电服务普惠水平，全面推进社网共建工作，打造“平方电力”品牌，通过“一平方”的社网共建，给客户提供“一公里”的网格服务保障。

二、先进做法

（一）全力推广线上渠道

1. 坚持三个推广原则相结合

共同推进。以“网上国网”App 为主要渠道，“四川电力”微信公众号（即微办电）为业务补充、“成都供电”微信公众号为服务补充的线上渠道矩阵，各渠道共同推进，相互补充。

借势借力。借助公司营业厅优化调整工作部署及社网共建、村网共建的内部形势，加之疫情防控持续不放松足不出户办电的外部形势，全力推广以“网上国网”App 为主的线上服务渠道，增加客户对于线上渠道的粘合度，确保防疫期间引流的线上渠道客户稳定保持并增长。

考核激励。成都公司按月对各单位指标完成情况进行通报，并实行穿透式绩效考核。各单位进一步将指标分解落实到供电所、班组、个人，每月对推广表现突出的供电所、班组、个人进行奖励，加大激励考核力度。

2. 全域范围统一推广

储备项目形成有吸引力的线上渠道推广方案。一是通过全媒体、融合媒体平台进行精准投放。二是制作一批生动有趣、记忆点强、简单易懂视频或动漫推广作品，打造 2 个专题广告视频、1 首说唱歌曲、1 部专题动画。三是连接微信或支付宝主流平台，通过下载返利、缴费返利等方式进行强势引流。

全面深化公众号场景建设。开展停送电信息地图展示、电费自主算、税票预约送等服务场景建设，通过功能健全增强客户黏性。同时根据客户密切关注的诉求点，如阶梯电价、丰水期电价返还、智能电表使用常识等，并结合实时热点信息策划系列推文，增强公众号曝光度和关注度。

3. 重点区域重点推广

利用营业厅推广。一是针对有当面缴费意愿的客户需引导至线上业务办理渠道或厅内配置的线上缴费机，业务办结时同步发放宣传资料；二是及时更新营业厅线上渠道相关的宣传物料，包括易拉宝、海报、折页、吊旗等，利用多媒体设备播放宣传视频；三是各级营业厅配置线上渠道推广引导员，在厅内走动式指导客户进行

App 下载、线上缴费、业务办理等事项，成都公司将进行不定期抽查并通报。

“村网共建”“社网共建”助力推广。一是以“村网共建”“社网共建”为契机，在共建社区、村镇点位设置供电服务专区，配置线上服务渠道、业务办理相关宣传资料。二是充分发挥村社网格员作用，教会村民和居民下载、关注、使用相关线上应用，探索实践政府网格员推广线上渠道。

推广“网上国网”App

（二）打造“平方电力”社网共建服务品牌

1. 健全驻点服务机制

完善电力元素进驻。在成都公司供区内 599 个城市社区开辟电力元素角，公示线上线下服务流程、电价政策、各类业务流程等便民服务信息，同时在显著位置且便于客户拿取位置放置客户经理名片。根据社区服务中心实际情况，以营业厅优化调整后自助设备利旧、社区自有便民设施共享的模式，逐步根据需求完善驻点设施配置。

打造供电服务示范社区。根据客户需求情况及街道或社区建设情况，打造本区县的 107 个供电服务示范区。示范区内设置供电服务专区，协同街道或社区开展本地特色共建，包括但不限于定期组织电力宣讲、为供电服务专区提供专业用电指导、组织党建联建活动等，并设置明显的供电服务标识、电力信息公示区域。

落实共建服务工作。建立“一周一社区、一月一街道”走访机制，客户经理每周走访辖区内社区不少于 1 个、每月走访辖区街道不少于 1 个。走访服务活动尽量选取群众聚集时间开展，也可配合政府或供电企业各项惠民活动开展。走访服务内容包括收集客户诉求、往期问题解答、政策咨询、线上业务推广等工作。针对各社区电力元素角，所有公示的业务资料应与营业厅公示资料同步更新，宣传资料可结合社区宣传特点印制及更新。

2. 拓展共建服务渠道

配置轻薄智能服务终端。优先选取电力需求紧迫的社区配置 260 台轻薄智能终端，确保充值缴费、故障报修、客户经理查询等高频服务可直接在智能终端及社区互动式服务终端办理，充分利用社区与客户交互的便捷性，保障供电服务诉求解决和信息传递效率，提高共建服务信息化水平。

做好“零距离”服务。以线上服务为主导，推行线上服务入户，同时梳理各社区周边代收机构部署情况，针对代收覆盖不到位的真空地区，通过对营业厅自助设备利旧、智能服务终端部署、线上服务渠道资料放置等形式补足，形成线上“零距离”、线下“10 分钟”电力缴费圈。

探索客户侧供电服务机制。协同政府、街道、社区探索建立客户侧供电服务机制，加强客户产权设备运维宣传，强化政府对客户产权侧电力服务应使用有资质的第三方服务企业，供电企业主动协助客户对第三方电力服务社会服务企业进行技术指导，提升客户产权侧。

3. 完善共建服务规范

服务流程标准化。梳理并发布《供电服务场景标准化作业指导书》，通过明确客户服务场景的标准流程、所需资料、服务风险点、标准服务话术，规范政务中心、共建示范区、营业厅等窗口基础服务，确保客户服务现场用语标准、流程统一。

构建共建监督体系。内部构建市县两级监督体系，成都公司层面由营销部（农电工作部）、营销管控中心组成柔性督导小组开展现场督导，对政务中心、共建示范区、电力元素角、客户经理现场服务等进行检查及评价，县级公司层面以优质服务专责组成交叉检查柔性团队，通过对县级公司互相的交叉巡查，发现共建典型经验、查找服务问题，两级检查评价结果均纳入优质服务关键业绩指标考核。外部以政府社区、街道办工作人员及客户代表为基础，由优质服务专责担任服务监督员定期对网格客户经理工作责任心、服务态度、需求响应质效以及在工作过程中是否存在违规违纪等行为进行监督。

加强社网信息沟通。建立客户经理与政务网格员一对一常态联络机制，及时掌握服务区域内客户的用电需求、信息变更、人员流动等信息。完善客户经理服务小区信息，进驻具备条件的居民小区物业或业主微信群。

“平方电力”社区共建服务品牌

（三）因地制宜做好特殊客户服务

1. 坚持三大原则解决“数字鸿沟”

坚持问题导向。聚焦老年人等特殊群体缴费、报修、信息查询等主要服务场景，重点解决最突出、最紧迫的问题，不断提升服务水平，切实保障基本服务需要。

坚持因地制宜。对突出共性问题，采取普遍适用的措施，针对区县经济发展水平和各单位供电服务基础差异，以及特殊群体教育背景、生活环境差异，采取有针对性、差异化的解决方案。

坚持线上线下服务相结合。线上服务更加突出人性化，紧贴老年群体需求特点，充分融入“适老化”设计；适当保留满足老年群体需求的线下营业厅、代收网点等传统服务渠道，并逐步向线上转移，优化客户经理服务模式。进一步优化流程、简化手续，不断改善老年人服务体验，与线上服务融合发展、互为补充，有效发挥兜底保障作用。

2. 客户经理服务到位

一是深化网格客户经理服务，及时收集特殊客户服务诉求、问题及建议。开展停送电信息主动告知，确保将有关供电服务信息及时传送至村社特殊群体用户。二是协同党服队保障特殊群体基本服务需要，收集特殊群体信息，形成白名单，建立“一对一”“一对多”联络，优先响应特殊群体服务诉求，定期开展故障隐患排查、提供电费代缴等服务。三是探索留守老人及弱势群体智能贴心服务模式，协同社区建立社区特殊群体，特别是独居、空巢老人的信息台账，对其用电行为进行动态监测及数据分析，当用能数据出现异常或安全隐患时，通过台区经理向社区预警，与社区网格员一同对用户实地走访确认，排查隐患。

3. 优化服务渠道，提升窗口服务水平

一是规范基础服务，进一步优化留存营业厅及客户接待室等窗口服务，提高人工服务质量。保持营业厅服务电话通畅，做好引导、接待措施，引导人员优先接待老年人，提供咨询、指引等便利化服务和帮助。二是提升窗口老年服务、亲友代办功能，营业厅少量保留现金服务终端，必要地区提供 24 小时自助充值缴费服务。窗口人员全面提升老年群体服务能力，针对老年群体提供辅助阅读、逐步指导、提高音量，对行动不便群体主动帮助。完善用电业务代办体系，畅通家人、亲友等特殊群体代办电的渠道。三是简化业务流程，推广“一站式”服务，试点推行老年人凭身份证、社保卡、老年卡等证件办理业务，方便老年人等特殊群体现场缴费、打印票证，进一步改善老年人办电体验。

4. 提升特殊群体使用智能化产品和服务便利度

推进线上渠道适老化改造。组织开展“成都供电”微信公众号等应用改造专项行动。兼顾老年群体使用感受，开发老年群体专用线上服务模块，简化应用程序使用步骤及操作界面。尽可能考虑老年人视听方面的困难，改善应用程序使用体验，使其具备大字体、操作提示、语音辅助等更多方便老年人使用的特点，增加“天使眼”特殊通道，客户点击后有自动语音提示，将语音转换为文字。协调国家电网有限公司、国网四川电力在“网上国网”“微办电”渠道中开发“关怀模式”“长辈模式”，使老年户主的户号可以与子女户号绑定成为亲情号，具备授权代理、亲友代办等功能，随时查询用能情况，定期推送账单，并提供余额预警和用能异常提醒服务。

开展智能化产品及服务应用的普惠性培训。针对老年人等特殊群体在使用智能化产品和服务应用时遇到的具体困难，设计制作老年版简易使用手册和视频教程，发动社区、公益组织、老年大学等机构举办知识讲座和指导培训，鼓励亲友、村（居）

委会、老年协会、志愿者等为老年人运用智能化产品提供相应帮助。

营业厅服务老年群众

三、实践成效

网格电管家，守护用电安全。坚持与地方街道、社区加强沟通联系，推进优势互补、资源共享，以“党建共建”为平台，不断落实“三个融入”，即电力服务融入社区综合治理、电力元素融入社区文化、电力志愿服务融入社区公益。电力服务融入社区综合治理。城东锦江供电营业所党支部在与永兴社区党委结对共建后，网格“电管家”在永兴社区党委换届选举中被选为兼职纪委委员，成为社区网格管理队伍中的一份子。网格“电管家”通过定期走访巡查，从电力安全的视角及时发现苗头隐患并协调安排为社区整治树线安全缺陷，在社区集市上开展安全科普。让社区各类客户在有需求时“有门可敲”“有人可找”，架起供电企业联系群众的“连心桥”，成为安全用电“守护者”。

亲老智慧系统，快速响应用电需求。成都公司围绕社网共建不断探索供电服务新模式，做好政企深度融合，打造特色区域共建。成都公司领导高度重视多次带队走访街办、社区，积极与政府探讨区域共建服务内容，结合区域服务需求打造特色社网共建。以“党建共建”为特色，在沙子堰社区积极开展“数智关爱情暖桑榆”

志愿服务活动，为帮扶对象安装“亲老智慧系统”，借助数字化服务为老年人送去智慧关爱。客户经理在接到社区网格员反馈的客户用电需求后，立即组织人员为肖家河北街进行低压架空线绝缘化改造，及时消除线路安全隐患，为接下来的度冬保供电工作打下基础。

实践案例 2

基于“UX”用户体验提升的电力营销服务

（国网四川电力乐山供电公司）

一、实施背景

随着人民生活水平的提高，人民的用电需求也从过去的“用上电”向“用好电”不断转变。以往，供电公司的营销服务大多关注于“UX（user experience 用户体验）影响力”顶端层次的内容，即那些通常视觉可感知的、脱离用户体验而花费大量时间金钱去增加服务价值的部分，例如网架建设、“网上国网”App 推广等，而忽视了“UX 影响力”金字塔的底部，那些不易被发现的基础部分，例如在全面推进线上服务的背景下，如何去服务那些不会用智能手机的用户群体，对于他们来说是被需要还是被要求更能提升服务体验？这些部分是需要近距离、浸入式地去挖掘，而曾经粗放的被动接受电力服务方式早已不能适应，从“人民电业为人民”的角度出发，定制式的电力服务才能真正地为“美好生活赋能”。

二、先进做法

基于 UX 的服务体系即是指在公司业务、技术和决策中，以用户为中心，将用户体验作为集成流程的发展方向，将用户体验与感受作为工作重点。国网乐山供电公司（以下简称乐山公司）以“用户体验提升”为切入点，积极融入地方政府、高低压用电客户不同的需求特性，提出了“电力毛细服务点 + 能源管家 + 一体化全业务管控中心”的“O2O 三位一体”新型电力营销体系。主要内容如下：

（一）电力毛细服务点

乐山公司积极融入地方政府的电商中心项目，创新提出了以电商中心、通信运营商、党群中心、商业超市等作为线下前端受理服务点，将电力服务由原来的“主动脉”—供电营业厅，变成了现今的“毛细血管”—服务点，服务更近，布点更多，从而实现营业厅优化调整后服务渠道拓展，服务模式升级的全新突破。

服务点选址：电力服务点选址在已建成的电商服务中心、政府乡村党群服务中心、电信运营商厅、邮政便民服务站等地点进行有针对性的选择。选址原则：主要根据交通便利程度、辐射人口数量、门市现场条件、服务人员综合素质等几个原则进行确定。

电力服务点分区、乡镇、村三级：区级电商中心、政务中心作为沙湾公司唯一B级营业厅的有效补充，辐射沙湾城区；镇级电商中心、党群服务中心、通信运营商营业厅作为乡镇供电所营业厅优化调整关闭后的服务延续；村级电商中心、村党群服务中心、邮政便民服务站作为电力毛细服务拓展延伸，服务进村的核心点位。按照现有的各类服务网点情况，可实现沙湾区8个乡镇、102个行政村电力服务点全覆盖。

合作成员：

政府：电商项目业主、民生服务提供方。

企业：通信公司—电商项目承包商；供电公司—基础民生服务提供商。

商户：商超、家电、通信代理商。

合作成员之间相互依存、资源共享，促进项目长期延续，最终实现合作共赢的目的。

乐山公司将按照“1+1+3”的思路对各级电商服务中心进行配置，确保所有服务点统一平台、统一形象、统一标准，达到五星满分的服务效果。

1.“一个平台”

各服务点统一用“网上国网”App开展业务。目前，电力缴费和绝大部分业务均可通过“网上国网”App办通，工作人员可通过“网上国网”App实现服务点基础业务功能。

2.“一个形象”

乐山公司各服务点统一用企业文化电力服务品牌——“沫水河畔点灯人”形象对外服务，加强“点灯人”品牌价值传播，让“党建+服务”理念在基层落地实践，彰显供电公司用心为民服务的良好企业形象，提升乐山公司特有电力服务品牌价值力。各服务点形成有机的电力服务网络，点亮“用电服务暖心灯、安全用电长明灯、民生用电应急灯”三项服务。

3.“三项标准”

标准化服务职能：电力服务点主要服务功能包括：电费收缴（线上缴费）、低压新装受理、低压报修受理、更名过户等业务，服务网点作为前端业务流只需要在“网上国网”受理发起业务，并与对口的供电所联系，最终由供电所负责处理归档形成服务闭环。

电力缴费：线上缴费代办与协助办理。

办电：考虑到业扩流程时限问题，服务点仅进行高低压新装、增容、销户、暂停、减容资料线下受理，受理后传递至当地供电所。正常线上受理更名、过户、电子发票打印等业务。

故障报修：协助用户向台区经理或供电所进行故障报修。

电力信息公告：授权对外公告供电公司官方信息。

其他：开展线上业务宣传、安全用电宣传等。

标准化对外公示：为保证各服务点服务质量与用户的信任度，将重点公示与用户相关的几类重点信息，确保信息透明度。各服务点均对外公示以下内容：服务点服务内容、网格化服务人员信息、电话、业务流程、电价表、线上缴费操作指南、电力信息公告栏、服务点授权信息。

标准化硬件配置：为了让各服务点按照统一的形象，统一的功能对外开展电力服务，同时实现日常巡视监督、服务人员日常监控考核，需要对各服务配置相应的硬件设备，主要有以下几类：“点灯人”双面灯箱，为各服务点主要的对外招牌，让用户看到灯箱就知道是电力服务网点。服务点授权铭牌，铭牌内容包括供电单位名称、服务点信息，区域信息、二维码和服务点编号。移动式交互 LED 显示屏，考虑到各服务点现场条件不同，采用可移动的 LED 显示屏，内置安卓系统，具备联网、触摸、分屏、信息交互功能。所有公示、宣传信息可在屏内滚动播放。显示屏定制“沫水河畔点灯人”Logo，进一步统一服务形象，同时显示信息化电力服务新形象。人脸识别巡视记录仪，主要功能是实现服务点人员每日工作考勤，以及当地供电所或台区经理对服务点开展定期的巡视打卡和记录。网络视频监控，各服务点均安装 1 套网络视频监控设备，可以进行云看回放，从而保证各服务点现场服务质效，减少服务风险。视频监控同时具备双向语音传输功能，后台服务管控中心可对服务问题进行实时诊断和远程指导处理。

作为试点的乐山公司已建成投运“‘沫水河畔点灯人’电力毛细服务点”共 12

个，基本覆盖了沙湾辖区的各个乡镇。服务点均选在已建成的电商服务中心、政府乡村党群服务中心、通信运营商厅店、邮政便民服务站等交通便利、辐射人口多、门市现场条件好、服务人员综合素质高的中心场所，能够方便、及时、快捷地满足当地老百姓缴费办电。

（二）私人订制能源管家

根据大客户需求热点：电费电价政策、服务时限、设备运行维护、用能分析、业扩配套工程设计及成本等方面，乐山公司设置专人担任私人定制能源管家。其职能包含：

对于供区内的重点大客户，能源管家定期走访了解其经营状况及相关需求，为其宣贯最新的业扩、电价等优惠政策，并对接其电费、业扩等各项服务工作，提升供电企业与用户的粘黏度。

对于大客户实际生产需要，为其“量身打造”电价、业扩等订制方案。争取符合大客户条件的最优电价方案，根据其生产计划打造最合适的业扩计划，及时申请最新的优惠政策，保证生产的同时，有效降低其用电成本。

根据客户需要，为大客户量身定制综合能源服务，如设备检修、整改，用电建议，电能替代，办电、停用提醒等。

（三）一体化全业务管控中心

在电力毛细服务点已经基本建成初具规模的情况下，现场处理与业务受理一定程度上剥离开来，就像人体一样，电力毛细服务点更像是供电公司的“感官”，现有的计量、抢修班组又像是供电公司的“手足”，要想形成完整的管理—现场—服务的一体化闭环体系，还需要一个“大脑”，它能够发挥强力的后台支撑及分析、指挥作用。因此，供电公司需要从内部整合工作和业务，梳理出更加清晰的任务面板。为此，乐山公司建立了首个“一体化全业务管控中心”。

目前，乐山公司“一体化”全业务管控中心以营销工作为主导，通过对工作的梳理细化将业务分为 7 大类进行集中管控，在给服务点与供电所人员以强有力的后台支撑的同时，有效地解决营销工作多专业协同不力、内容繁杂、处理过程脱节、工作找不到处理人等问题。

管控中心目前的业务职能总共可以分为：关键指标管控、业务工单处理、业务流程管控、电费电价管理、营销业务稽查、停电信息发布及 95598 工单监管等 7 大类，将各专业协同融合，集约工作、汇聚问题、收集需求、分析解决、跟踪进度，实现公司营销“大脑指挥中枢”的作用。

管控中心对采集成功率、台区线损、远程下发成功率、电费回收、购电制执行、自动对账率等所有营销指标进行统一管控，监管指标的变化、分析并布置弱项指标的整改，直接联系到实际处理人以落实工作安排，每周通报各项指标情况。

三、实施成效

（一）用户需求导向挖掘更多营销价值

基于“UX”用户体验提升的电力营销服务体系构建是乐山公司以用户需求为导向的一次营销服务实践。乐山公司借鉴了 UX 用户体验影响力的五大要素，调研用户需求—便捷简单的解决方案—改变自身管理模式，有效地提高客户忠诚度和满意率，有效提升电网企业“获得电力”感知价值，进一步优化电力“营商环境”。

同时，该体系还建立起一个电力营销服务全流程的过程管控平台，更加方便和准确地掌握用户对供电企业的真实服务需求，方便乐山公司把营销服务做在前面，真正做到“用服务提效益降风险”。将优质服务作为企业发展的生命线，努力挖掘更多价值，为客户提供“安全优质”的电能、“经济实惠”的电价和“方便快捷” 的服务，为电力用户健康平稳发展保驾护航。

（二）服务人民，响应国家乡村振兴

在硬件上，通过前期农网改造项目，乐山公司已实现农村地区供电能力和供电范围的大幅提升，现已实现村村通电、户户通电。而基于“UX”用户体验提升的电力营销服务体系，就是与之配套的“软件”，无论是电力毛细服务点还是一体化全业务管控中心，其出发点均是为了更好的服务用户，贴近、深入到用户群体中，在保证用电服务的同时，更好地将公司一系列惠民、惠农政策宣传、落实到位，进一步强化乡村电气化服务保障，实现城乡服务均等化，真正实现人民对美好生活的向往，为美好生活赋能。

四、典型案例

（一）增加电企黏度，定制差异服务

四川省乐山市沙湾区地处巴蜀地区西南部，该区因工业而立区，是国家“三线”建设时期全省传统的老工业基地，全区现有工业企业 500 余家（其中规模以上企业 60 余户），近年来，沙湾区坚持“文旅兴区、产业强区”发展主线，奋力推进“五位一体”，加快推进工业转型升级，以打造不锈钢“千亿园区”和德胜“千亿集团”为载体，2021 年沙湾区工业市场逐渐回温，产业集聚加快，大用户用电量持续攀升、增量需求大、市场拓展趋势明显，为满足大用户对于电费电价政策、服务时限、设备运行维护、用能分析、业扩配套工程等方面的用电需求，乐山公司创新设置 VIP 客户经理岗，“一对一”提供上门服务，为用户量身定制服务内容。

“去年的用能分析对于我们今年生产来说具有很高的参考价值，我们将对应去年用能情况对今年的用能结构进行优化调整。”建材公司的徐总在听到供电公司可以为其提供用能分析报告后，对该服务展现出极高的期待。对于辖区内的各大工业用户，乐山公司客户经理将定期走访了解其经营状况及用电需求，为其宣贯最新的

客户经理“一对一”上门服务

业扩、电价政策，并对接其电费、业扩等各项服务工作，提升供电企业与用户的粘黏度；对于大客户实际生产需要，为其“量身打造”电价、业扩等订制方案，保证生产的同时，有效降低用电成本；同时，根据客户需要，为大客户量身定制综合能源服务，如设备检修、整改，用电建议，电能替代，办电、停用提醒等，通过差异化服务，打造大用户优质服务新高地。

（二）延展服务末梢，点亮乡村用电

乐山公司已建成投运“点灯人电力毛细服务点”共 12 个，基本覆盖了沙湾辖区的各个乡镇。“我们镇上的张嬢嬢 75 岁了，屋头年轻人常年不在家，有个啥事以前喜欢到我们店子上找我帮忙，以前电费是自己带卡去供电所交，现在供电所交费的营业厅关了，她知道我这儿能充了，高兴坏了，现在每次都把钱给我让我给她充！”草坝电力服务点工作人员如是说道。电力毛细服务点的设立，是乐山公司“用心电亮每一盏灯”的承诺和坚守，实现了电力优质服务就在百姓身边，做到乡镇有人、村（社区）有点，方便农村客户获取供电服务，提升用电客户获得电力感，确保供电服务不断线。

实践案例 3

网格全覆盖，服务零距离

（国网四川电力德阳供电公司）

一、实施背景

营销服务模式亟待改革。随着经济社会的发展，人民群众对社会公共服务行业服务要求逐步提升，但是，基层供电公司营销服务基本采用综合科室+专业班组的模式开展。随着供电公司服务创新的发展，新型服务方式、方法逐步增多，新业务不断出现，传统的以专业为主的服务模式，已经不能满足客户日益增长的用电服务需求，造成同一客户不同需求需要面对不同专业人员，对供电企业而言浪费人力资源，对客户而言服务过程麻烦不够简洁。供电企业与普通用户的联系呈现逐步弱化的趋势，造成用户有需求找不到人，进而只有寻求 95598 服务热线的帮助，供电服务效率有待进一步提高。

二、先进做法

机构改革盘活资源。为适应新形势下的营销服务工作，国网德阳供电公司（以下简称德阳公司）在 2020 年 11 月开展营销机构改革，新设立客户经理班、营销业务班、营销计量班、业务管控班。营销机构改革取得初步成功后，德阳公司结合营销服务队伍现状，确定了网格化客户经理工作模式。在原来 18 个社区 7 个网格的基础上，网格化客户经理由单一服务人员拓展为每个网格内由 4 人组成（含抢修 1 人、用检采集 1 人、业扩 1 人）。农村 4 个供电所，以台区客户经理（台区电工）+片区客户经理（管理人员）的模式参照城区供电所运行。

（一）强化培训，提升人员素质

网格化客户经理是供电公司服务形象的集中展示者，德阳公司多渠道多方位开展人员培养，努力打造“多能”服务人员。网格化客户经理工作开展初期，客户经理的专业知识储备不足，人员综合素质还达不到公司要求。针对此种情况，班组开展了大量的培训，并采取系列措施确保培训取得实效。

开展客户经理培训

打基础，开展业务知识培训，定期组织开展《营销现场作业安全工作规程》《供电营业规则》、“十个不准”“十项承诺”等知识的学习，同时邀请其他班组优秀同事为网格化客户经理开展相关专业知识普及培训。提能力，开展业务技能培训，定期开展服务技巧、与人沟通的话术技巧等培训。强素质，开展综合素质培训，专门为网格化客户经理开展了礼仪、化妆等培训课程。

（二）明确职责，不断推进网格化工作

客户经理班网格化客户经理在日常工作中将指标与自身进社区、小区工作结合开展，承担标准包括低压客户离柜缴费率、“网上国网”App 推广、电厨炊推广等。定期走访社区、小区、政企客户和重要客户，走访过程中对客户用电情况进行了解。更重要的是，网格化客户经理通过进驻社区、小区业主微信群，了解客户需求、解答客户用电问题、受理客户服务申请、发布供电信息等。当网格化客户经理接到客户用电需求或服务申请时，能够提前介入并指导客户办理业务。接到客户用电故障信息，及时下派配抢工单，高质高效地解决客户用电问题。当电网发生故障停电时，

及时对外发布停电信息、抢修进度，保证客户的知情权。网格化客户经理在服务中对业务各环节进行全流程、全环节的监督和催办。为消除用户焦虑心理，业务结束后，网格化客户经理通过电话回访，征求客户意见和建议，不断提升公司的服务水平。

（三）完善班组管理，保障工作开展

网格化客户经理采用值班管理方式，按照值班表安排，网格化客户经理轮流在营业厅、政务中心值班，除值班人员外其余人员则开展计划性走访、应急服务等工作。外出工作时随身携带走访记录本，将收集到的问题及时记录，需要其他部门处理的问题及时派发工单，并对工单完成情况进行监督。公司领导、营销部、业务管控班及客户经理班班长定期对网格化客户经理工作质量进行检查。同步进行网格化客户经理薪酬科学管理，客户经理班每天对网格化客户经理的工作进行评分，工作中出现失误或得到客户表扬在当月都会对网格化客户经理的绩效进行扣分或加分，根据网格化客户经理绩效得分每月兑现绩效工资。

（四）建好协同机制，保障服务运行

在内部协同上，加强专业班组对网格化客户经理的支撑，按照“网格化客户经理牵头，专业负责”的原则，为每一位网格客户经理配置配网抢修、业扩、用检、采集等专业人员，形成网格化客户经理团队，做到小事不出团队，内部相互支撑。在外部协同上，进一步强化网格化客户经理与社区的沟通联系，开展客户经理社区双报道，通过社区这个纽带做好群众工作，协作处理疑难问题。

（五）业务管控融合服务管控

业务管控班将网格化客户经理工作成效纳入业务管控范围内，通过实时管控+定期分析的方式，对网格化客户经理工作开展管控，对处理不及时的客户经理工单进行督办。定期统计分析网格化客户经理走访工作开展情况，通过对走访数量与质量的分析，督促网格化客户经理走出去。对网格化客户经理服务过程中频繁发生的内部问题组织开展专题分析，提出改进意见，减少服务差错。

三、实施成效

网格化客户经理工作开展初期，通过走访社区，与社区沟通交流取得了社区的理解与支持，并参与了社区的网格化服务工作。经过网格化客户经理的不断努力，绝大部分社区、物业公司对网格化客户经理已经十分信任，客户愿意协助网格化客户经理开展工作。对于无门卫、无物管、无业委会的“三无”小区，网格化客户经理通过社区找到小区的党员同志，主动联系并取得了党员同志的支持，小区内的党员也主动承担起了与网格化客户经理的联系工作。

主动走访社区

截至 2021 年 10 月底，网格化客户经理共计走访社区、小区共计 361 次，通过电话、微信入驻小区 325 个，受理各类客户服务需求 5413 次，网格化客户经理正在成为德阳公司客户服务的主力军。

实践案例 4

政电融合促进服务再上台阶

（国网四川电力雅安供电公司）

一、实施背景

为深入学习贯彻习近平新时代中国特色社会主义思想和党的十九大精神，进一步加强供电企业与地方党委政府之间交流衔接，把电力服务要素更好融入乡村振兴战略，国网四川电力雅安供电公司（以下简称雅安公司）指导下辖各县（区）供电公司与地方乡（镇）党委、政府签订了“党建结对+政电服务融合”合作协议。合作协议以政府行政区划调整改革为契机，结合营业厅优化调整，一方面探索推进台区经理网格化服务融入政府网格化治理体系，建立政电末端融合服务机制；另一方面开展党建结对，努力形成互促互进、优势互补、共同发展、互惠共赢发展的基层党建新格局；同时，构建乡村供电服务监督体系，不断推动提升乡村供电服务质效，持续提高电力客户的获得感和满意度。

二、先进做法

通过开展政电融合，着力实现党建与生产经营深度融合，打造互促互进、优势互补、共同发展、互惠共赢发展的基层党建新格局，构建乡村供电服务监督体系，不断推动提升乡村供电服务质效。

（一）强化组织领导，确保工作落实有保障

雅安公司指导下辖县（区）供电公司与 6 县 2 区 84 个乡（镇）党委、政府开展党建结对、政电融合工作，按照“资源共享、同创共建”的原则，双方建立了以党政主要负责人为组长、分管领导为副组长的共建工作领导小组，具体负责谋划共建工作；领导小组下设办公室，负责落实具体工作事项。双方建立了以班子成员为

联络员的工作机制，确保工作推进时统一信息口径、沟通有效及时、推动扎实有力。同时，为有效推动工作落实，及时解决推进过程中的问题和困难，双方建立了月度会商机制，通过电话沟通、座谈会等形式有效落实会商机制，确保工作不拖延、推进无障碍。

（二）强化融合方式，确保支部共建有落实

签订党建结对、政电融合协议后，双方就如何抓实工作、让工作找到落脚点，真正发挥党建引领、政电融合的作用进行积极的思考和探索。一是供电所党支部发挥作用，与所在辖区村社党支部结对共建，依托党支部党建引领，切实将供电所业务工作与村社中心工作相融推进，优势互补，为服务乡村振兴、打通电力服务群众最后一公里而不懈努力；二是在党建结对协议中明确发展村党支部配合供电所收集用电需求，编制乡村电网建设规划，双方合作开展政策宣讲，普及推广智能用电服务方式；三是通过政务服务站（点）收集百姓反映用电诉求，供电所定期联系沟通，有机将党建工作与业务工作深度融合。

（三）强化末端政电融合，确保服务质效有提升

一是将营业厅的服务功能延伸到各级便民服务中心（点），公示 24 小时报修电话、办电政策、业务流程和接待日服务时间等信息，每周安排 1 人次到乡镇便民服务中心（点）驻点服务，时间不少于 1 天，开展线上业务推广、业务受理、收集客户诉求、办电政策宣传等，实现服务前沿化；二是扎实推进网格化服务，完善对村组（社区）一对一、一对多的精准对接，政电网格有机匹配，实现与政务网格无缝衔接、前端沟通直接高效；三是完善后台供电服务支撑，后端业务内转外不转，实现简单业务末端支撑、即时响应，复杂业务由公司后台支撑、快速响应；四是台区经理与政务网格员、村（组）长建立常态联络机制，及时掌握网格区域内产业发展、招商引资等政务数据，及时了解乡镇、社区的用电需求，主动作为，服务乡村产业发展；五是开展村网共建工作，将供电服务融入政务服务中，以政务网格为基础发展村组网协服务力量，重点关注线上业务推广困难的地方，特别是山区，更好、更快的响应群众用电服务需求。

三、实施成效

（一）凝聚人心，共筑同心圆

雅安公司各供电所党支部坚持党建与中心工作相融推进，始终将员工思想工作抓在手上，狠抓安全、指标、廉政、服务工作，在急难险重任务中充分发挥党支部战斗堡垒作用和党员先锋模范带头作用，带动和激励各供电所员工勇于面对困难、敢于同不良风气说不，真正做到立足岗位履职尽责，团结员工凝聚发展合力，助推公司高质量发展。

（二）政电融合有效转化为生产效能

从 2021 年 3 月起，泗坪供电所按照资源共享、优势互补、共建发展的原则与牛背山镇建政村村委启动共建结对。李景楷作为泗坪供电所建政村网格客户经理、泗坪供电所党支部书记，承担起了泗坪供电所与牛背山镇建政村治理网格之间的“粘合剂”作用，融入村组网格服务团队开展供电服务工作。

泗坪供电所党支部书记李景楷每月借助参与牛背山镇建政村党建联席会的机会，收集整理供电服务意见，及时解决村民关心关注的问题。在 2021 年 4 月一次党建联席会中，村委反映，村民接户线老旧、安全隐患大，极易引起老房子起火，用电不安全，希望供电所能想想办法，及时改善此类情况。李景楷得知后，马不停蹄地开展了工作，一边组织员工对该村组接户线进行现场查勘、设计，一边向公司相关职能部门反馈情况，积极争取改造资金和项目，通过两个月的持续不断地改造，完成了该村组 3 个配电台区、7 个组的接户线改造工作，不仅提高了安全用电问题，更加有效地提升了该村的供电能力。

（三）政电融合为民办实事，得赞誉

雅安公司多次组织工作人员进社区、进学校、进企业、进村社、进客户开展用电安全、“网上国网”App 推广、电力设施保护等宣传，现场进行咨询答疑、安全用电科普、推广线上缴费等活动，让更多用户足不出户就能在家查电、办电。通过网协员、网格员的不断努力，高压用户线上缴费率提升至 99.67%、低压全线上化

缴费率提升至 80.56%。

2021 年 8 月 14 日，龙苍沟供电所通过网协员转办，五宪镇小毛坪安置点王家强家中停电了，因家里只有留守老人在家，查不出停电原因。龙苍沟供电所立即安排人员来到王家强家中检查故障。经排查，该用户漏电保护器已经损坏，随即对设备进行了更换，为了确保用户用电稳定，该供电所党员义务对王家强家中所有线路进行了一次全面排查，对存在的安全隐患进行处理，并向老人讲解了日常用电注意事项。用户对供电所工作人员高效的服务点赞“你们真是贴心的电保姆，服务优质高效，真是我们留守困难户的福音啊”。

2021 年 8 月 20 日，雅安公司连心桥共产党员服务队联合荥经县拆迁办走进荥经县政府前区 1 号地块旧城棚户区拆迁现场，开展了主题为学党史、办实事，党员服务队架起连心桥的为民办事活动。针对拆迁点多、表计安装分散的情况，荥经连心桥共产党员服务队积极与县拆迁办沟通，采取有效措施，创新工作方式，开展上门一站式服务，第一时间对拆迁居民的表计做好拆除回收和退费工作，确保已拆迁居民的区域用电安全，得到了严道街道、住建局以及当地客户的高度赞誉。

通过政电融合模式的推进，供用电氛围趋于和谐，服务质效显著改善，投诉压降得到明显控制，雅安公司已与 12 个乡镇、61 个行政村启动党建结对、政电融合活动，对供电区域内实现了便民办电点全覆盖。荥经公司还将进一步将便民、利民的服务举措铺开、扩大，把供电服务最后一公里再缩短至最后一米。

实践案例 5

聚焦服务转型，千古眉州拓展多元服务

（国网四川电力眉山供电公司）

一、实施背景

近年来，随着供给侧结构性改革向深水区发展，优化营商环境持续加速，各项互联网技术和信息技术高速发展，打破了服务空间地域及时间限制，客户足不出户实现业务掌上办、指尖办。为适应内外部发展要求，国网四川电力眉山供电公司（以下简称眉山公司）主动适应和融入内外发展变化，将人民至上的价值导向与人民追求美好生活的电力需要紧密结合，着眼于跨越服务客户能力提升，全面推动营销服务模式向线上化、智能化转型升级，秉承后台做“加法”、前台做“减法”用电服务理念，统筹配置服务资源，不断探索用电快速服务、协同服务、线上服务及增值服务，致力于为客户提供更靠前、更主动、更精准响应和满足客户需求的新型现代供电服务，全面构建“线上服务入户、线下服务进村进社区”的现代供电服务新体系，实现客户诉求“全响应”、供电服务“零距离”。

二、先进做法

近年来，眉山公司秉承“以客户为中心”的服务理念，以“主动、智能、精准、开放”为发展思路，打破传统任务驱动型被动化服务模式，聚焦“服务渠道拓展”“服务流程优化”“服务便捷提升”“增值服务探索”四项工程，全力打造“线上服务入户，代收服务进村进社区”的服务新模式。不断探索用电快速服务、协同服务、线上服务及增值服务，全面提升服务广度、深度。

（一）“主动”作为，精准精益两手抓

聚焦数据分析，开展客户标签应用。完善客户标签化管理，结合 95598 服务热线、低压社区群、大工业客户群等渠道，收集分析客户诉求，建立客户标签，精准

发力，实行差异化服务。参与国网四川电力智能营销体系建设工作，深化客户标签应用，搭建重点客户库，围绕服务包围度和感知提升，增设定制式服务模块，方便工作人员开展 VIP 式服务。

服务关口前移，开展园区精益服务。利用“大工业用户”微信群提前发布政策解读主题活动，公布园区驻点信息，现场摆放业务流程、电价政策、准入规范等宣传展板，在各点位配有专业人员讲解答疑、办理用电业务，并根据前来咨询的企业实际情况，为他们制定“专属用电方案”，为客户办理业务、答疑解惑。

（二）创新服务，开启“智能”新里程

拓展客户经理线上服务手段。以客户体验为中心，重塑流程，创新实施 5G 办电服务云验收。眉山公司深挖“大云物移智链边”等新技术，新理念在办电各环节的应用实践，利用 5G 通信技术，对客户用电工程开展远程验收服务。大客户经理收到客户竣工验收申请后，与客户商定验收时间，组织营销、生产等专业人员通过视频通信软件，依靠“一平台、一团队、一流程、一张表、一评价”的“五个一”工作举措，大幅提高竣工验收效率，优化客户线上远程服务体验。

从源治理保障客户线上缴费。以客户诉求为导向，全力保障客户可靠用电，通过后台比对传输数据，解决存量客户远程充值购电功能开通问题，消除因开发商首次购电未插卡导致的远程充值下发测试失败问题，让客户享受“无感”线上充值，避免因线上充值失败而跳闸停电，给客户生产生活带来极大不便。

完善客户经理“事前、事中、事后”服务体系。以全能型客户经理为引领，全配套作业专车为载体，全流程线上办电为平台，全业务个性定制为抓手，打造低压客户“四全”服务新模式，指派专属客户经理通过“事前、事中、事后”全链跟踪管理，精细管控项目进度，打造“省心贴心放心”服务。

（三）“精准开放”，优化转型正当时

持续提升留存营业厅服务质效。以“客户体验”为中心，主动推出“账单寄送”服务。与邮政速递物流签订账单寄送服务协议，广泛征集用电客户“账单寄送”需求，根据客户定制寄票上门服务。营业厅工作人员根据客户电费发行时间，即时查询客户缴费情况，针对结清电费客户即时开票邮寄，未结清电费客户给予即时提醒，服务群众“最后一公里”。

外联内通，强化政企协同。实现供区内 7 个政务中心电力窗口全面覆盖，确保客户进入政务大厅均能实现“一网通办”“线上办”。积极推动企业和群众“进一张网、办全部事”，协同政府部门推动电力通道许可入驻政务服务大厅，打通使用政府涉电行政审批通道。积极探索“房产+用电+台区经理”服务新模式，实现由不动产中心将过户数据实时、直接推送至电力营销业务系统，生成预受理工单，经营业厅窗口人员确认后正式生成工单。由台区经理主动联系客户，上门服务现场签订《供用电合同》，打造线上线下全面融合新服务模式。

持续推进“村网共建”工作。全面进驻辖区内 77 个乡镇便民服务中心、776 个村社便民服务点，将供电服务延伸至“最后一公里”；优化客户经理配套服务，扩展服务渠道，通过“网上国网”App 专属客户经理、社区微信群、小区微信群、村社微信群等，及时发布停电信息，抢修进度及预计抢修时间，收集响应客户诉求，实现服务“零距离”。

（四）勇挑重任，多措并举惠民生

积极开展“微光”行动。作为眉山公司“绿光计划”的延伸，国网彭山供电公司在工务段小区开展“亮灯”专项行动，电亮“三无小区”，以“党建+社区网格员”模式提供便民服务，配合社区开展基层社会治理。

创新推出电力金融增值服务。积极推动政企金融业务融合，东坡中心成立金融服务专项工作小组，与市税务局、银监局及多家银行联合开发“税电贷”金融产品。税电贷金融产品总共分为线上、线下两种贷款渠道，依托“营销+金融”服务生态圈，为疫情期间运转困难的乡村振兴项目提供金融贷款，真正做到以客户为中心，服务客户多种需求。

全面梳理非供电企业产权故障停电纠纷问题。秉承“用心答好民生答卷”的服务理念，积极向属地政府部门报告稳定风险，组织物业、开发商、业主代表召开座谈会，协调解决非供电企业产权故障频繁停电问题，以实际行动践行“人民企业为人民”的企业宗旨。

三、实施成效

眉山公司始终坚持优质服务是企业发展“生命线”的原则，致力提供“便民、为民、暖民”的“三民”服务。全面转变传统“人跑”模式，推出“账单寄送”服务，实行邮寄账单客户已达256户，累计邮寄3785户次，大大减少了收费期客户临柜率，主动对接市不动产登记中心积极推动政企业务融合，依托四川政务服务网平台搭接电力过户接口，通过数据共享，提出“房产+用电+台区经理”服务新模式，为客户提供“一次都不用跑”的“无感”办电体验，实现客户到厅人数同比下降75%。

持续推进线上服务变革，全面推广“网上国网”“微办电”、高压客户微信群、低压社区微信群等线上服务渠道，深化线上服务应用场景，在全省范围内率先推出客户工程5G“云验收”模式，着力解决线上缴费用户“痛感”问题，通过后台数据比对，成为全省首家通过联合后台解决存量用户远程充值购电功能开通问题的单位，有效保障了客户实现远程充值缴费功能，从源头上保障用户线上充值服务体验。截至2021年10月，眉山公司线上办电率达95%以上，低压线上缴费率达98%以上。自2020年以来，累计减少1026万人次往返营业厅交费、办电。

不断提升服务的“主动性、多元性”，客户用电获得感持续提升，截至2021年10月，眉山公司投诉同比压降73.58%，95598服务热线客户满意度达99.5%以上。

四、典型案例

（一）政企协同　房电联动顺民意

“没想到现在办理房产过户业务这么简单，在不动产登记中心办理业务后电力过户手续就一起办理了，不用再到电力公司办理业务，真是省事儿”。2021年5月12日，眉山市东坡区居民杨芳丽在电力公司回访电话时高兴地说道。据悉，眉山公司为切实优化营商环境，深化落实“放管服”改革要求，主动对接市不动产登记中心积极推动政企业务融合，搭建数据共享通道，开展“不动产登记+电力联动过户”业务。眉山市东坡区居民杨芳丽就是该项业务推广以来的第一个受益用户。“不动产登记+电力联动过户”业务实施后，将实现两项业务一窗办理，为市民提供更高效、更人性化的办事体验。

（二）云上服务　客户经理服务“零距离”

2021 年 3 月 19 日，客户经理李雨姝通过小区网格员居民微信群了解到眉山市东坡区望江榭小区居民胡佳有安装充电桩用电电表的需求，李雨姝立即组织工作人员前往现场为用户办电。“没想到我就在业主群里问了一句，就收到电力公司工作人员的回应，而且马上联系为我装表接电，需求被人重视的感觉特别好，这种服务模式真的很暖心。”胡佳特别高兴地说。到达现场后，李雨姝协助用户通过“网上国网”App 提交了用电申请，然后拿出现场查勘单与用户仔细核对用电容量、用电性质等用电信息。结合用电地址快速确定最近电源点，计量计费方案，计量装置安装位置。紧接着开始用“微办电”作业终端为用户推进建档业务流程。与此同时，装表人员郑海峰也开始紧锣密鼓地开始为用户排线装表。11 时 15 分，随着电能表屏幕亮起，标志着望江榭小区胡佳的充电桩电表办电业务顺利结束，这距离胡佳发起办电申请刚刚过去 90 分钟。

实践案例 6

以投诉压降为抓手，增强人民电力获得感

（国网四川电力攀枝花供电公司）

一、实施背景

我国经济社会高质量发展，对供电企业服务质效和供电保障提出更高要求。为落实国家电网有限公司新战略，要求供电服务工作必须从高质量服务民生和经济社会发展这一根本任务出发，进一步提高服务的能力和水平，持续为客户创造价值，使人民获得感、幸福感更加充实、更有保障，更好服务经济社会高质量发展。

二、先进做法

国网攀枝花供电公司（以下简称攀枝花公司）坚决贯彻“把人民对美好生活的向往作为奋斗目标”的要求，将优质服务视为“生命线”，始终坚持“人民电业为人民”企业宗旨，为更好适应电力改革新形势和满足人民对美好生活的向往，围绕国网四川电力“十讲十增强”工作要求，大力弘扬“服务至上、践诺为先、全员参与、重奖重罚”服务理念，不断深化服务内容，不断创新服务方式，不断提高服务标准，不断增强人民电力获得感，全面构建“线上为主、代收为辅、营业厅、客户经理和政府服务网点有益补充”的线上线下一体化、全渠道覆盖、全方位响应的电力立体式服务新形态。

（一）制度为先，构建投诉压降长效管控机制

攀枝花公司优质服务领导小组出台《供电服务考核实施方案》，建立以客户为中心的“穿透式”供电服务指标考核体系，有效规范员工供电服务行为，切实提升供电服务水平。将压降任务分解到专业部门和下辖各县公司，建立“日管控、周通报、月考核、季分析”的动态管理机制，及时发现问题，严格落实整改，从源头上

减少投诉发生。坚持“管业务必须管服务”，强化责任意识，专业齐抓共管，形成高效协同的工作机制。

（二）管理为基，全面强化营销业务质量管控

（1）提高业扩办电服务水平。启动打造“川内电力营商环境攀枝花样板三年行动”，成立四个专业工作小组，深入优化内转办电机制，从压减环节、时间和成本、提高办电便利度、夯实业扩管理基础、提高供电可靠性等方面制定具体工作任务，营商环境不断优化。深入开展移动办电作业模式，为低压用户提供申请受理、现场勘查、合同签订、装表接电的现场服务，提高办电质效；积极推行“办电 e 助手”，实现企业办电进度物流式展示、客户资料线上交互等功能，为客户提供选择多样、方便快捷、智能互动的服务，逐步实现低压业务客户“一次都不跑”和高压业务客户“最多跑一次”的目标。

（2）建立市县两级营销业务管控机构。出台《营销专业、县级单位机构设置及人员编制方案》，在四川全省率先全面建立市县两级营销业务管控机构，形成“1+1+1”营销业务管控模式。聚焦营销管理薄弱环节和风险点，实现营销全业务、全环节、全流程过程管控与风险识别预警，确保服务风险异常提前至事前、事中环节解决，大幅降低事后投诉量。

（3）做好 95598 知识库维护及服务事项报备工作。结合客户投诉关心的问题，针对性地完善知识库。重点做好森林防火避险停电等配合政府停电事项的重要服务事项报备工作，同时加强个体事件的重要服务事项报备工作，高质量完成咨询意见服务申请等工单，高效响应客户诉求。

（三）服务为魂，构造线上线下一体化新型服务模式

（1）打造营业厅优化调整的攀枝花样本。积极参与国网四川电力供电营业厅优化调整前期论证调研工作，快速启动，全面构建快速联动、无缝衔接的电力立体式服务新形态，被选为国网四川电力试点单位。线上线下融合提速。以营业厅优化调整为契机，全面融合线上（“网上国网” App、国网四川电力公众号）、线下（网格化服务）服务模式。稳步关停无缝衔接。前端完成营业厅布局优化调整，后端建成市县两级业务质量管控组织架构，支撑营销全渠道客户诉求受理和全业务质量管控，实现客户需求响应更快速、业务办理更迅捷、业务管控更高效。按“一

厅一案”原则编制预案。完成大客户和敏感客户的服务对接和走访工作。对外公示营业厅关停事宜，为客户提供“营业厅关但服务不停、人员减但服务更优”的感知和体验。

（2）推进客户经理网格化服务全覆盖。建立“行政区—片区—台区”多级服务网络，客户管理按责任田划分，营销量价费损和服务等核心指标承包到人，客户经理“一口对外”、业务后台“协同作业”，从源头上及时响应处理客户诉求。制定客户经理服务工作流程，结合疫情排查，获取居民联系信息完善档案。梳理敏感客户档案，建立“一对一”服务方式。通过“一图”“一卡”“一牌”，落实客户经理的对外公示，实现“网中有格，格中有人，人员全覆盖，服务零死角”。

（3）政企协作互联互通。推动“社网共建、村网共建、服务融合”，全面入驻市县级政务中心电力窗口，实现供区内 5 个政务窗口全覆盖。充分利用供区乡镇行政区划和村级建制调整的机会，将供电服务延伸至各乡镇村级便民服务中心。在全市 38 个乡镇党群活动中心、250 个村社便民服务中心设置供电服务驻点，试点安

小区、村社悬挂的客户经理公示牌

装20台“电力便民服务云终端”，全面将供电服务延伸至村社末端，满足农村客户各类用电需求，并逐步将供电服务工作融入村（社区）服务网格，实现“村网共建”全覆盖，打通供电服务“最后一公里”。

（4）构建“线上+线下”立体化线上渠道推广模式。线上充分利用新媒体传播优势，通过户外广告、小区村社及电梯宣传牌、电影院映前广告、汽车电台广告、微信朋友圈广告、知名微信公众号推文等形式，形成全渠道、多平台推广攻势，线下利用服务窗口、客户经理、社区推广、短信推送、“村村通”广播等“一对一”宣传，增加客户黏性。纵向构建“市—县—班组—人”四级推广体系，将推广任务分解到各级员工，开展“推广达人”评选活动。

（四）创新为翼，大力建设智能营销服务体系

（1）停电信息精准到户推送。深化营配调贯通成效应用，利用供电服务指挥系统平台，选取仁和等3个县公司开展停电短信精准送达试点工作，将停电信息发布由分散式向集中式转换，由人工发送向智能发送转换，由区域发送向精准发送转换。

（2）建立“市—县—厅”三级营业厅服务质效管控机制。通过营业厅视频监控系统、投诉压降管控、线上化服务推广成效、营业厅人员素质提升等要素对进一步强化留存营业厅服务质效管控。设综合柜台提供一站式服务，配置互动服务体验台、VTM机等，增强自助服务、互动体验功能。

（3）“微应用”驱动现场办电服务质效。创新应用“微应用”现场办电移动作业终端，为客户提供申请受理、现场勘查、合同签订、装表接电和开卡售电“五位一体”的现场服务。

（4）“房产+用电”联合过户，“让数据多跑路，让群众少跑腿”。近年来，攀枝花公司不断在解决群众“急难愁盼”问题上下功夫，在此前与市水务集团、市煤气公司联合让房产过户后的水、电、气实现“一张表”过户的基础上，扎实践行“我为群众办实事”，通过创新政企信息共享机制，在政企联动办电上求突破，实现了攀枝花市“房产+用电”联合过户，如今办理房产过户，居民在不动产登记窗口只需提供电卡或户号就能完成电表过户业务，无群众跑路，大大提高了群众办电便利度，不断提升群众的获得电力感。

（五）队伍为本，持续强化服务人员素质提升

（1）建立全域化的营销培训阵地。搭建专业学习交流平台，强化业务技能考评，强力统一执行标准。深入调研营销各专业培训需求，以满足电力改革、市场竞争、新业务发展、新技术运用需求为目的，制定个性化的年度培训计划，定期开展营销专业技术培训，增强培训实效。

（2）着力培养专业领军人才。以专业为单位，建立营销各专业队伍核心团队，承担公司营销重点课题、重点项目的研究，督促管控各项重点营销任务的实施和推广。

（3）促进能力素质提升。加强营销业务培训和人才储备，加快打造业务技能优秀的营销专业队伍。分级开展营销管理、现场服务等岗位技能培训，通过新型业务专项培训、业务调考、工作竞赛等形式，分层分类培养现代营销管理复合型人才。

（4）强化培训师资队伍建设。加强内训师及考评员培养，实现营销专业师资的有效配备和统筹调剂，将培训师参加公司营销新标准规范宣贯和新业务要求活动形成常态化，充分发挥内训师在员工素质提升培训工作中的作用。

（5）充分发挥“传帮带”作用。充分利用各类技能竞赛，甄选营销专业技术能手，充分发挥历届专业竞赛推选出的优秀人才的“传帮带”作用。精心组织参加国网四川电力服务竞赛和调考，选拔优秀骨干强化培训，赛出攀枝花风貌。

三、实施成效

攀枝花公司以增强客户感知为引领，着力于构建投诉压降长效管控机制、全面强化营销业务质量管控、构造线上线下一体化新型服务模式、大力建设智能营销服务体系、持续强化服务人员素质提升等五个领域，整治供电服务突出问题，提升供电质量和优质服务水平，打通客户服务“最后一公里”，持续助力公司成为服务人民美好生活的央企表率，成为助力美丽中国建设的重要力量。

实践案例 7

全心全意服务藏羌地区用电每个角落

（国网四川电力阿坝供电公司）

一、实施背景

供电企业作为服务于国计民生的基础产业与公用事业，联系民生最紧密，服务群众最直接，是服务保障民生的重要力量。国网四川电力阿坝供电公司（以下简称阿坝公司）在服务边远民族地区的工作中，结合地区实际和发展要求，持续改善服务质量，提升服务水平，为民族地区发展和人民美好生活做出了积极贡献。

二、先进做法

阿坝公司坚持以人民为中心的发展思想，贯彻“人民电业为人民”企业宗旨，以“服务至上、践诺为先、全员参与、重奖重罚”服务方针为指引，持续改善服务质量，提升服务水平。大力推进坚强电网网架建设和配电网升级改造，持续提升供电质量，全面有序推进农村户表改造工程，大力整治农村安全用电，为智能用电奠定坚实基础。深化营商环境整治和供电所机构改革，开展阳光业扩，推进“11 个农电服务中心 + 45 个供电服务站”机构体制建设，进一步强化服务管控。全面开展台区经理网格化服务全覆盖和客户经理线上化服务渠道建设，将服务延伸至客户最末端。优化营业厅布局，完善代收网点和自助缴费终端布局，大力开展“网上国网”App 等便捷、高效线上办电缴费渠道宣传推广。

（一）千方百计提升供电可靠性

开展输配电网隐患缺陷大排查，大整治，减少频繁停电概率；持续推进供电服务站工作，补充供电服务站一线台区经理，确保及时处理线路停电等情况，及时高效处理故障停电等抢修工作；合理制定检修计划，及时准确发布停电信息，加大停电信息告知力度，加强故障抢修管理，减少停电时间，随着农网改造工程的实施和投运，阿坝地区配网供电可靠性进一步提升。

（二）多措并举提升客户满意度

对内明确责任，严格考核，持续规范服务，将服务管控责任横向分配到责任部门，纵向分配到县公司、各供电服务站，细化考核，严格开展服务管控“说清楚”制度，实施供电服务站服务指标穿透考核。对外全面开展户表改造工程，全面普及智能用电，持续推进台区经理和网格化服务，完善村网共建和网格化村镇驻点，大力开展“网上国网”App、微信、支付宝等线上缴费办电新渠道宣传推广，积极主动开展抢险、保电和客户安全用电检查服务，让客户体验高效便捷用电，用上舒心电、满意电。

三、实施成效

开展输配电网隐患及缺陷大排查、大整治工作，完成全面消缺整治，电网安全、稳定、可靠运行得到大力提升。加大电网设备巡视检查力度，及时开展消缺维护，减少故障停电次数，大力提升抢修及时性，缩短停电时长，减少客户端停电感知。各批次农网改造工程如期完成并顺利投运，配网供电可靠性得到大力改善，群众认可度大力提升。持续推进智能用电基础建设，大力整治农村私拉乱接安全用电隐患。通过张贴停电公示公告、SG186停电信息发布渠道、短信平台停电信息发布以及微信、朋友圈、乡镇村党政网格化服务群等多渠道、多方式及时发布停电信息，便于群众及时掌握停电信息，建立线下客户诉求渠道，高效、及时解决客户用电诉求，促进客户与公司的交互，开展服务宣传。

通过营业厅、到人员密集的车站、联合政府其他部门开展场所活动推广、进村入户、地方电视台、公众号、微信、朋友圈等多渠道、多方式开展“网上国网”App、微信、支付宝等便捷高效办电缴费渠道宣传推广，群众线上办电缴费意识持续提升。2021 年完成各项重要活动保电 20 余次，有力服务地方发展各项活动、重大会议，持续服务地方经济发展，获得各级党委、政府高度赞扬。

四、典型案例

电力护航　保障九寨沟全域旅游恢复

2021 年金秋十月，国庆佳节，九寨沟景区迎来了旅游高峰期，单日最高人流量更是达到了 4 万余人。伴随着景区游客的爆满，电力保障也成了工作重点。

为保障供电正常，提高供电可靠性，阿坝公司高度重视，要求国庆期间全员在岗，并做国庆期间工作安排。九寨沟供电服务站于国庆节前对供区两个 35 千伏变电站进行节前特巡，以保障正常供电。因景区游客增长，九寨沟供电服务站工作车辆不能随意行驶，需遵守管理局车辆限行要求，只能在每天 7 点前才能行驶，为保障供电可靠性，九寨沟供电服务站工作人员国庆期间每天早上 5 点出

开展九寨沟巡视工作

发，对景区重要景点进行巡视巡查工作，及时发现并消除线路隐患。同时下午5点以后，加强对高压输电线的巡视工作，对电缆中间接头进行温度测量并记录，以提高供电可靠性。

就国庆期间九寨沟保电工作，九寨沟管理局对阿坝公司的工作给予高度肯定。九寨沟供电服务站工作人员，用行动证明“人民电业为人民”，我们始终在路上。

实践案例 8

村网共建、社网共建服务融合

（国网四川电力绵阳供电公司）

一、实施背景

随着新一轮电力体制改革的深入推进，为全面落实国家电网有限公司营销“智能转型”的工作任务，践行以人民为中心的发展理念，把增进人民福祉作为发展的出发点和落脚点。国网四川电力绵阳供电公司（以下简称绵阳公司）采取“线上服务经理全覆盖 + 线下增设社区服务点 + 全业务质效管控”的线上线下互动新模式，打造深入一线的服务框架，不断完善新兴服务手段的应用，试点与工区街道 15 个社区开展“社网共建、服务融合”，主动服务、靠前服务、优化服务和精准服务。

二、先进做法

（一）完善服务手段，打造线上线下互动新模式

1. 全面提升，高效运转

通过持续不断地对线上客户经理开展全业务技能及服务水平培训，提升客户经理业务水平。确保辖区高低压客户专属客户服务经理配备全覆盖，组成一个个相辅相成的服务小团队，高效快速处理客户诉求，进一步压环节、减资料、缩时限、降成本，畅通内部联动机制，真正做到“网上办、省心办”“快速办、高效办”。

2. 深入基层，转型保质

走进街道、社区、居民家中，帮助居民客户检查住宅用电情况、排查室内漏电问题、普及安全用电知识、停电通知、协助居民下载“网上国网”App。同时，加

强监管服务群众“最后一公里”代收点服务质量。专属客户经理服务模式有效推进实体营业厅业务模式向线上全业务平台业务模式转变，逐步将客户上门办理业务转变为客户经理直接收集需求办理，让客户足不出户也能享受营业厅面对面服务的温馨与便捷，确保营业厅优化调整服务品质的持续保持。

3. 主动服务，拉近距离

围绕“主动服务、个性服务、精准服务、品质服务”，完善客户标签，描绘客户需求画像，制定差异化服务策略，完善老年人、残疾人等弱势群体的服务，实现中小客户普遍服务和政企大客户精准服务。强化政企客户经理常态化管理，定期主动上门走访对接政企客户，为客户提供电费专票代办寄送等差异服务，以近三年客户投诉、意见等数据为基础，研究分析客户习惯，强化走访沟通和信息传递。真正满足差异化需求，朝着客户需求方向更进一步。

4. 强化监管，严格闭环

利用全业务管控平台服务管控手段，加大营业厅运营监控和服务异常预警督办，常态化开展各类服务点服务质量巡查，严肃查处做到曝光一类问题，规范一类业务，完善一项制度，建立一项长效机制，严格落实闭环管控工作要求，全力提升“获得电力”服务水平与客户满意度。

（二）村网共建、社网共建服务融合，提升服务质效

以绵阳公司为代表开展“村网共建”工作，试点在村社干部中选拔培训“网协员”，协同开展电力行政执法、电力服务信息收集等业务，搭起党员干部“走村入户”联系群众的桥梁，实现供电服务零距离，为乡村振兴提供坚强的电力要素保障。政企合作，构建联动服务平台。与 3 个区（县）、8 个乡镇两级政府签订“村网共建”协议，围绕乡村规划、执法授权、联管服务等 13 个方面开展合作，推动区（县）政府将电力设施保护、供用电秩序维护等 12 类行政执法权限下放至乡镇。与试点乡镇成立工作组，建立常态联席会议机制，参与乡镇的重要经济活动，定期研判、协调解决乡村产业发展、电力规划建设等供电服务保障事项，推动电力服务与乡村经济社会发展有效衔接。培养队伍，破解农电缺员问题。按照“一村一员”原则，在 114 个试点村社择优选拔年富力强、文化程度较高的返乡农民工、村组干部、退役军人担任“网协员”，承担安全风险小、技术门槛低电力信息服务。通过乡镇政

府按月向“网协员”支付信息服务费用，并推动地方党委政府将“网协员”纳入后备干部培养序列，增强各类人才返乡创业、服务家乡吸引力，助推乡村振兴优秀人才留得下、能扎根，从根本上缓解农电“缺员”问题。

三、实施成效

2020 年 3 月，为“网上国网”专属客户经理功能推广应用。绵阳公司精心挑选了业务骨干担任专属客户经理，定期对专属客户经理进行服务、业扩、检查、计量、价费、故障报修等业务知识提升培训。一年多来，试点区域专属客户经理共处理 143 笔新装增容业务，为客户人均节约 0.8 天办电时间。通过专属客户经理咨询答复，为 100 余户客户作出精准建议，有效节约用电成本。

与涪城区御营社区、迎宾路社区、临西社区等 20 余个社区的 80 余户五保户、困难户建立联系并设置台账，每季度定点联系，了解客户用电情况。每半年上门走访，帮助检查室内用电设备、线路漏电、老化情况，及时搜集困难客户群众需求帮助解决。一年多来，专属客户经理为社区特殊困难用户服务 200 余次，帮助 60 多名困难用户解决了用电和日常生活遇到的各种问题。

建立安全用电、节约用电宣传机制，每月在社区进行安全用电、节约用电宣传 4 次。2021 年 7 月 14 日，绵阳市持续橙色暴雨，伴大风天气引发故障停电，专属客户经理第一时间在小区物业群和小区业主群发布了停电信息并每隔一个小时定时推送故障抢修进度和现场照片到业主群，期间无 95598 投诉发生。

强化营销全业务管控平台应用，通过平台“营业厅质效监测”模块，对营业厅实时异常、线上收缴费、线上业务引导等业务实施在线监测，有效提升营业厅服务质效。从最开始的办电需要客户到供电营业厅递交申请，并且需要支付人工、材料等相关费用，到现在的“一证受理”“线上受理”，让客户享受到“三零三省”“一站式服务”，“以客户为中心”“你用电、我用心”的服务理念，无一不体现出服务质量、服务能力、服务态度的不断提升。以坚强电网为基础，以互联网+时代为契机，全面提升优质服务水平。

四、典型案例

（一）搭建平台传便捷 网上办电群众推

“请问龙经理，我在 App 上如何查用电量？”一位用户在微信上问道。龙攀作为一名专属客户经理，通过走访小区，加入辖区内 50 余个小区业主群、添加 500 余名物业、用户。广泛转发推广“网上国网”App 的下载、注册、使用，宣传“网上国网”App 便捷性，通过微信、电话指导客户使用，有效提升“网上国网”App 知名度，增加用户下载使用率。

冲锋在前抗疫情，坚守岗位为客户，“谢谢你龙经理，在疫情险重期间，你为了我们百姓的安全，用多种方式为我们带来方便，而且“网上国网”App 功能强大，我们不用出门用手机就能把所有电力业务办理了，确实很感谢你！”御营社区宋书记说道。疫情期间，广大市民难以出门，此时用户线上办电需求最为迫切。为此，龙攀和同事们一起深入社区，通过微信群推广转发、单元门口张贴、海报、走访“夜市经济”、工程车外置音响循环播报“网上国网”App 使用等方式，让用户使用“网上国网”App 足不出户了解网上办电、用电。

专属客户经理向客户推广“网上国网”App

宣传“网上国网”是龙攀日常重要工作之一，每周不少于 2 次，深入各大社区、小区、生产队、火车站等，结合电表批量更换、安全生产月等，多形式、常态化开展“网上国网”App 宣传推广活动。在大门出入口、活动广场等人员来往密集区设立摊位，通过拉横幅、易拉宝、分发资料等形式宣传“网上国网”App、通过派发纸巾、钥匙扣等小礼品吸引用户下载、注册、使用。这种推广方法持续时间长、范围广、受众多，推广效果显著。2020 年以来，市区供电中心辖区网上国网注册并绑定用户达到 16 万户，顺利完成了计划预定目标。

（二）安全检查进校园，“电”亮开学季

“杨经理，娃儿们快开学了，来我们社区小学检查哈教学楼电路安全不安全。”“没得问题，马上到！”8 月 30 日，网上国网专属客户杨经理接到滨江路社区工作人员电话，即刻与同事一起前往位于绵阳市工区街道滨江路社区的成绵路小学滨江校区和跃北校区，对学校安全用电开展“全面体检”。

由于暑假期间学校的用电线路和设备均处于闲置状态，缺乏有效的维护，再加上受夏季高温天气和雷雨天气影响，校园内电气设备等存在各类安全隐患。杨经理与同事们对学校内和周边涉及的配电线路、变压器、配电房、表箱开展特巡，重点排查电压是否正常、开关接触不良等问题，主动配合学校电工提前对教室、办公室等电力设施进行“地毯式”排查，做到不留死角、不留隐患；并对排查出来的用电隐患及时跟校方进行沟通，后续跟踪处理结果。

“开学在即，感谢你们上门排查隐患，供电安全稳定了，我们开学的其他工作才有保障啊！”社区王书记对杨经理和他的同事们感激地说。

2021 年以来，国网绵阳公司充分利用社区行政区划调整，将供电服务延伸至各个社区，建立服务网点，推动“社网共建、服务融合”，实现与社区网格化服务融合，确保营业厅优化调整后服务全覆盖、服务更优质。绵阳公司该举措实施以来，最大受益者是社区居民客户，专属客户经理以实际行动践行“人民电业为人民”的服务宗旨。

实践案例 9

担当实干，让客户享受线上便捷用电服务

（国网四川电力天府新区供电公司）

一、实施背景

“网上国网”App 是国家电网有限公司官方统一线上服务入口，可使客户足不出户便可享受安全、方便、快捷的自助服务，具有五大使用场景：住宅、电动车、店铺、企事业、新能源，涵盖电费账单查询、电费收缴、用能分析、停电信息公告、服务网点信息查询、新装增容及各类杂项业务办理等服务功能。“网上国网”App 的推出，是现代新型供电服务体系由“被动服务”向“主动服务”转变的重要途径之一。为确保客户能足不出户享受到方便快捷的供电服务，全面打造“线上服务入户，代收服务进村进社区”服务新模式，全力推进线上线下一体化的服务机制，国网四川电力天府新区供电公司（以下简称天府公司）员工积极推进“网上国网”App 宣传推广工作。

二、先进做法

天府公司将“网上国网”App 宣传推广工作纳入日常工作之一，除通过微信群、朋友圈、营业厅等信息渠道进行宣传推广，同时多项并举，积极开展线上线下推广工作。

（一）激励导向，促进推广工作落实地

天府公司按照国网四川电力的统一安排和部署，开展“网上国网”App 内部宣贯，使各部门、单位、供电所、服务站深刻认识“网上国网”App 宣传推广对于构建以人民为中心的现代供电服务体系的深远意义，并同期设定各单位的推广目标。

为全力推动服务手段创新创效，进一步调动工作人员特别是供电所台区经理线上渠道推广的积极性，天府公司下发《关于 2021 年对供电所线上渠道推广工作进

行专项奖励的建议》，文件建议对农电人员 2021 年“网上国网”App 推广工作奖励办法进行明确，设立“网上国网”App 推广专项工作考核奖励，对农电人员利用个人二维码推广的“网上国网”注册量，按照二维码关联成效对个人予以奖励。自该奖励办法实施以来，充分发挥了激励与导向作用，极大程度激发了一线员工对于 App 推广工作的主动性、创造性。

（二）突出实干，激励管理人员俯下身

天府公司下辖区县供电公司对各供电所、服务站进行半年、年度推广目标分解，制定推广方案，在天府公司的考核奖励办法的基础上，加大考核奖励力度，管理人员与一线员工一视同仁，起到较好的正向激励作用。各供电所也将此项工作列入 2021 年重点工作，细化宣传推广措施，动员全体人员积极参与到此项工作中。结合辖区特点，由所长牵头，全面开启“5+2”“白+黑”的工作模式，积极深入小区、客户家中开展“网上国网”App 推广活动。推广服务手段创新，让客户足不出户，就能办理缴费、查余额、业务办理、停电信息查询，电子发票打印等业务，最大程度方便客户。每个星期通报员工推广注册情况，每月进行汇总通报，进一步促进供电所各项工作稳步推进。过程中及时收集“网上国网”App 推广经验，组织推广指标前列的大面供电所、怡和供电所在专题会议上进行经验推广交流，树立标杆，起到引领示范作用。

（三）多措并举，打好推广宣传组合拳

天府公司坚决树立不放弃一个客户的工作理念，工作人员对进营业厅客户尽力引导推荐下载“网上国网”App，对工作中接触的客户和各方人士大力宣传“网上国网”App 充费不用插卡，手机查余额等功能，受到客户欢迎。同时利用微信群、知信群、小区群等网络平台，积极向亲朋好友、社区群众开展宣传活动。将低压客户开卡购电模式转换为“无感开户、无卡开户”新模式，针对集中换表小区客户，利用为小区客户更换电卡的契机，逐户向客户推广“网上国网”App，指导客户下载注册，用线上办电的方式替换传统电卡充值，为客户提供更加便捷的办电方式。营业厅员工和台区经理积极联系小区物业，在小区的电梯、楼栋入户门等宣传专栏张贴二维码宣传单。台区经理与党员服务队深入各村组开展宣传活动，通过走街串巷的方式，哪里人多去哪里，哪里商铺聚集去哪里，同时在各村委宣传栏张贴宣传

画报，还利用晚上客户都在家的时间，主动上门进行宣传。针对安置小区客户大多来自农村的情况，主动前往怡和新城、书南小区等安置小区开展推广工作，手把手地教会客户下载、安装、使用“网上国网”App。工作人员还将充值优惠活动信息提前通知到户，使广大客户相互介绍“网上国网”App的优越性，增强其他客户主动下载“网上国网”App的积极性。

“心连心”服务队开展上门便民服务

三、实施成效

天府公司按照“线上为主、代收为辅，营业厅、客户经理、政府服务网点有益补充”的线上线下一体化服务模式，巩固“城市十分钟缴费圈”和“村村有缴费点”，积极推进实现“线上服务到户，线下服务进村入社区”，为方便客户办电、缴费提供更多省时省心省力的便捷渠道，得到客户的积极响应和肯定。

四、典型案例

（一）立足客户，齐抓服务推广暖人心

2021年4月22日上午，十陵供电服务站台区经理巴美林、苏桂英、邱绍庚来到现代新区B区安置点，该小区有客户400余户，经前期了解，部分居民想通过网

上缴费、办电，但并不知道如何用手机进行操作。3 位台区经理选择在该小区门口以及农贸市场门口进行了摆摊设点，对“网上国网”App 具体功能进行详细地介绍，指导客户进行了注册绑定，并对客户提出的用电问题进行了解答。

2021 年 7 月 31 日，怡和供电所罗小莉一行工作人员利用周末时间到怡和新城进行“网上国网”App 宣传推广，受到客户欢迎，新上线注册的客户张先生拿着手机边操作边对推广的工作人员说：“我们之前太传统了，没想到现在用电方便、用手机充钱查停电也这么方便，以后都不用跑超市充电费了，‘网上国网’App 功能真强大”。

十陵供电服务站自 2021 年 9 月起开展专门为老年人宣传“网上国网”App 的活动，工作人员每天预约五六十岁的叔叔阿姨到服务站，手把手地教他们下载、使用“网上国网”App，得到了叔叔阿姨们的一致好评。

2021 年 9 月 24 日上午，六十多岁的杜大爷、王阿姨来到了十陵服务站，工作人员张秀兰、姜丽热情地接待了他们，先帮他们下载好“网上国网”App 后，又耐心教他们使用 App 上的缴电费等功能。一遍遍地讲解，一遍遍地演示，直到两位老人真正能运用为止。“你们比我们的儿女都有耐心，我们的儿女让他们教一下，都说这把年纪了还学这些干嘛？你们却一直在鼓励我们，我们也要与时俱进，不然真被社会淘汰了”。王阿姨高兴地说道。

山泉供电服务站和洪安供电服务站供区内无大型集中小区，多为农村散户，家中留守老人居多，外来租住户也占有一定的比例，“网上国网”App 推广存在点多面广的困难。两个服务站主动联系当地政府，让他们充分了解到“网上国网”App 推广的意义，是一项服务于民的民生工程，得到了地方政府的肯定和支持，在政企联动的推动下，通过镇、村、组微信群的二维码自主扫码注册，部分客户实现“网上国网”App 的成功安装绑定。

山泉供电服务站主动联系村组长，利用各组微信群通知本组村民到就近商铺，集中指导村民下载“网上国网”App。对于个别不会绑定户号的客户，优质服务员曾亚男通知他们利用赶集和空余时间到服务站面对面指导。针对山区留守老人较多，年轻人在外打工，很少时间在家的具体情况，工作人员在节假日自愿放弃休息，主动与客户联系，上门进行“网上国网”App 的下载和绑定。

“来帮我下载一下”，洪安供电服务站袁茵接过一位老婆婆的手机，才发现是一部老年机，不具备下载安装条件，经过耐心解释后，等老婆婆的儿子下午下班回家后，袁茵再次上门用其智能手机进行下载安装绑定。

“我不安装，我都是用的支付宝缴费的”，面对客户的拒绝，袁茵为客户细心讲解了“网上国网”App 无可替代的功能以及实实在在的便捷，将“网上国网”App 优于支付宝的种种优势一一罗列，最终真情打动客户，完成了该户“网上国网”App 的安装绑定。

洪安供电服务站台区经理张忠玉根据农村很多客户 18 点后才在家的特点，利用下班休息时间，到负责管辖台区推广“网上国网”App。有的客户不愿意下载，张忠玉就千言万语、千辛万苦、千方百计为客户耐心细致地讲解，截止到 2021 年 12 月，张忠玉已成功推广绑定“网上国网”App 共 553 户。

（二）党员亮剑，助力乡村振兴获好评

天府供电公司党员服务队自成立以来，以服务人民群众为己任，每月开展服务活动，受到辖区群众一致好评。其中，双流公司将“网上国网”App 推广应用与党员服务队结合，提升“网上国网”注册指标同时，给群众带来切实便利。

2021 年 9 月 28 日，为助力乡村振兴与城乡共建，双流公司党员服务队前往双流云华村开展安全用电检查与线上缴费办电宣传服务活动。活动中，在社区负责人的带领下，党员服务队首先来到云华村百岁老人朱婆婆家。朱婆婆已经一百二十岁有余，最小的孙子也已六十多岁，党员服务队成员在与朱婆婆一家一边交谈了解其用电情况的同时，对其家中用电线路、接线开关及用电器等进行了检查，逐一排除安全隐患。在交谈过程中，党员服务队成员了解到朱婆婆家目前还未使用“网上国网”App 等线上缴费形式，依然使用传统的电卡购电方式缴费，每次都需要先到售电点购电，然后回家插入电表，年岁大了眼睛看不清，插卡后要反复检查才能确认插卡成功。党员服务队随即向朱婆婆家详细讲解了多种线上缴费方式，重点介绍“网上国网”App 的功能与使用方法，在党员服务队成员的指导下，成功注册绑定户号并缴费。线上交费给他们带来切实方便，朱婆婆一家开心地感叹道：“手机就把电费交了，还不用插卡哇，好方便咯！”随后党员服务队逐次走访村里其他居民，送上安全用电检查、节约用电及“网上国网”App 宣传志愿服务。此次活动中，受到云华村居民的欢迎，对党员服务队的到来表示了真诚的感谢。双流公司党员服务队将“网上国网”App 宣传融入服务活动中，给人民群众带来用电便利，将优质服务送到了村社居民心头，后期将持续开展此类活动。

按照“线上为主、代收为辅，营业厅、客户经理、政府服务网点有益补充”的线上线下一体化服务模式，为巩固“城市十分钟缴费圈”和“村村有缴费点”，实现“线上服务到户，线下服务进村入社区”，强化客户经理兜底服务，确保营业厅优化调整服务全覆盖，天府公司党员服务队一方面主动对接第三方代收机构，积极配合开展代收网点洽谈、实施工作，促进第三方代收网点落地村镇社区；另一方面结合电力驻点服务进乡镇便民服务中心、村级党群服务中心工作，在未覆盖代收的村级党群服务中心设置第三方代收服务台，台区经理及党员服务队定期定时在责任区域的服务中心开展驻点代收电费服务，更便捷、更优质、更温馨。

实践案例 10

助力乡村振兴，供电服务再升级

（国网四川电力达州供电公司）

一、实施背景

国网四川电力达州供电公司（以下简称达州公司）着力 2021 年助力乡村振兴工作，发挥电网企业在服务经济社会发展、改善群众生产生活条件等方面的支撑作用，不断提高电网供电保障能力和用电服务水平，践行央企初心使命，帮助公司定点帮扶村不断巩固拓展供电服务成果，展现达州公司新担当。

二、先进做法

达州公司全面夯实乡村振兴电网基础，主动服务群众生活、基础设施建设和产业项目用电，确保供电有保障。通过代收服务进村进社区、乡村振兴示范村建设、构建电力数据防返贫监测指标体系及其他优质服务工作，努力推动实现巩固拓展供电服务成果同乡村振兴有效衔接，为打造乡村振兴战略落地国网四川电力样板贡献达电力量。

（一）代收服务进村社，乡村振兴做示范

达州公司深化政企合作，推进“村网共建”。围绕四川省乡镇行政区划和村级建制调整改革“后半篇”文章，持续发挥“村级服务点”的精准便捷服务优势。截至当前实现供电服务村社全覆盖，村民用电“不出村”，极大提高用户的用电满意度。公司健全乡村振兴工作机制，强化党建引领，成立乡村振兴领导小组，强化乡村振兴组织保证，推动工作体系有序转换。印发“1+3+N”工作方案，明确助力乡村振兴的主要目标和工作重点，压实成员部门（单位）责任。

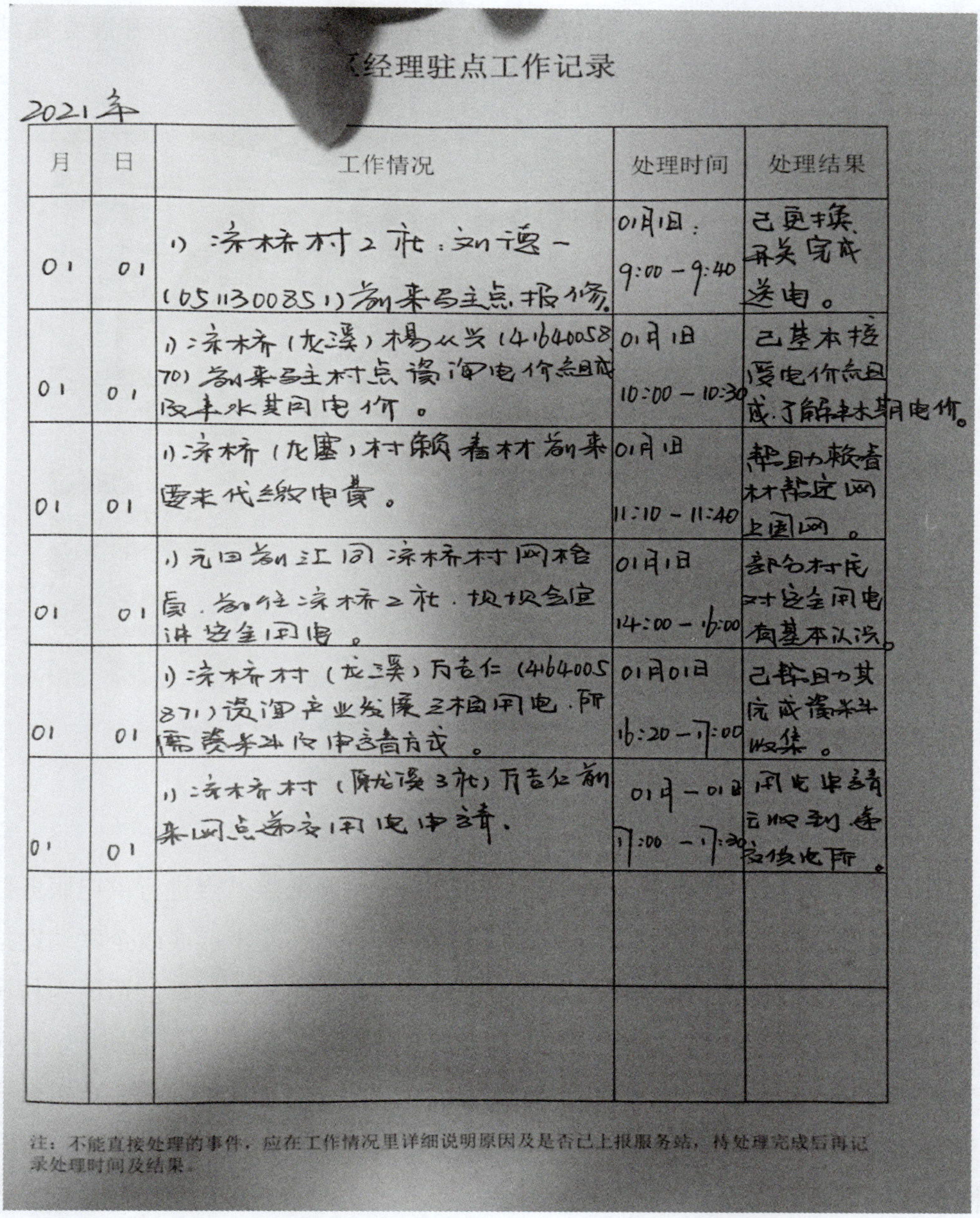

经理驻点工作记录

2021年

月	日	工作情况	处理时间	处理结果
01	01	1）滨桥村2社：刘德一（05113008S1）前来驻点报修。	01月1日：9:00－9:40	已更换开关完成送电。
01	01	1）滨桥（龙溪）杨从兴（4164005870）前来驻村点咨询电价组成及未来几期电价。	01月1日 10:00－10:30	已基本接受电价组成，了解未来期电价。
01	01	1）滨桥（龙塞）村赖春林前来要求代缴电费。	01月1日 11:10－11:40	帮助赖春林帮定网上国网。
01	01	1）元旦前江同滨桥村网格员，前往滨桥2社，挨家宣讲安全用电。	01月1日 14:00－16:00	部分村民对安全用电有基本认识。
01	01	1）滨桥村（龙溪）万吉仁（4164005871）咨询产业发展三相用电，所需资料及申请方式。	01月01日 16:20－17:00	已帮助其完成资料收集。
01	01	1）滨桥村（原龙溪3社）万吉仁前来网点办理用电申请。	01月－01日 17:00－17:30	用电申请已报到造价供电所。

注：不能直接处理的事件，应在工作情况里详细说明原因及是否已上报服务站，待处理完成后再记录处理时间及结果。

驻点工作记录

（二）切实开展“党建＋乡村振兴”工作

举办“我是乡村振兴服务员”主题活动，旨在将国家电网有限公司、国网四川电力关于乡村振兴战略部署落到实处，巩固拓展脱贫攻坚成果，助力乡村全面振兴。在33个供电所成立共产党员服务队乡村服务站，立足一线大力开展“电靓乡村振兴”为民办实事主题活动，推动供电所党支部与帮扶村党支部开展党建结对共建。

开展“我是乡村振兴服务员”主题活动

（三）开展乡村供电服务数字化转型工作

在渠县凉桥村、梨树村及万源三合面村 3 个便民服务点试点进行供电服务数字化转型，通过建立“台区经理”“村级网协员”等方式，逐步形成政企联动助推乡村振兴电力服务新模式。供电服务点设置的宣传展板、电视大屏幕能适时为村民提供乡村振兴政策、国家电网有限公司营销业务、森林防火和安全用电知识、台区经理信息、停电信息及实时天气预报。村民还可以通过服务点的大屏幕，点击台区经理头像与台区经理进行业务咨询。台区经理每 2 周至少开展 1 次驻点服务，并与村网格员直接建立联系，负责做好“一站式”服务，实现客户诉求快速响应。驻点服务是供电服务末端功能的补位、延伸，为客户提供超前服务，探索构建新的营销业态方式，全方位保障居民用电需求。“电力通”已基本完成达州公司 10 千伏及以下电力设备数据及客户数据的采集，台区经理每周巡视 1 次所辖输电线路段，在 10 米之内的有效巡视范围，使用“电力通”对电力设备进行多方位拍照并一键上传，确保巡视到位、基础数据采集真实可靠，生成电子巡检报告在线可查，电网设备结合地图展示一览无余，同时对缺陷隐患进行登记和及时排除，实现系统闭环管理。

台区经理开展供电服务

（四）扎实推进定点帮扶工作

自 2015 年起，达州公司将助力打赢脱贫攻坚战作为重大政治任务，扎实推进定点帮扶工作，先后派出 15 名员工驻村帮扶，6 个贫困村如期实现整村脱贫摘帽。2021 年达州公司定点帮扶 7 个村，公司党委选优配强，统一派驻 6 名第一书记和 2 名工作队员开展帮扶。目前，8 名驻村人员已全部进驻开展工作。达州公司将切实履行定点帮扶工作责任，坚持“一把手”负责部署推动帮扶工作，公司各级深入帮扶村开展实地调查研究，因地制宜、因时制宜拓展帮扶深度广度，为助力乡村振兴跑出达电“新速度”。

（五）构建电力数据防返贫监测指标体系

拓展防返贫监测维度，深化电力大数据应用。一是达州公司配合国网四川省电科院探索构建基于电力大数据的防返贫监测机制，二是公司对接达州市乡村振兴局，主动汇报《基于电力大数据防返贫监测分析报告》，获得市乡村振兴局负责人肯定。

三、实施成效

（一）供电服务实现村社入驻全覆盖

供电服务入驻供区内 120 个乡镇、1115 个村（社区）党群服务中心，覆盖率 100%。推广“村网共建”，与 23 个村签订合作协议，推进低压用电管理“共建、共治、共享”。形成了乡村电力服务政企共同体，为乡村产业新业态、新模式发展作好电力支撑。当前达州公司代收网点 845 个。其中，代收网点“进村”602 个，代收网点“进社区”271 个。

（二）降低办电成本，实现“三零”服务

2021 年累计为 870 个农村地区低压小微企业接电，配套电网相关投资。推广“网上国网”App、“国网四川电力微信公众号”等线上办电渠道，持续增强农村群众电力获得感。

（三）建立防返贫监测机制

完成宣汉县 174 个脱贫村 915 个变台明细清理造册，完成 2.63 万户脱贫户营销 SG186 系统户号清理造册，提炼出一套具有通用性、有效性的监测方法，打造以电力数据为主体的乡村振兴数字产品。

（四）构建可推广的电力数据防返贫监测指标体系

解析试点区域扶贫产业状况、重点群众生活水平、基础设施保障，开展防返贫预警，并对脱贫村进行画像，为村镇发展规划提供辅助决策，《四川日报》《中国电力报》等媒体对此进行了正面报道。

四、典型案例

（一）推广全电制茶，经济账生态账双赢

为进一步建立良好的供用电关系，达州公司坚持按季度开展客户走访，实现“坐

商”向“行商”的本质转变，主动将营销服务送到客户用电现场，了解客户需求，解决客户用电问题。达州公司大力开展电能替代推广，积极动员客户实施业务电气化，在增供促销的同时推动资源节约高效利用保护生态环境，稳步推进乡村电气化。

巴山雀舌是四川省万源市八台镇的主产名茶，形似山雀之舌，以“色绿、香高、回甘、形美”四绝著称，先后荣获“中国文化名茶”“中国名牌产品”“中国驰名商标”“四川省十大名茶”“第六届茶博会金奖”等荣誉称号。截至2021年3月巴山雀舌仍然在使用燃煤为热源的RFL系列热风机杀青，热效率仅有60%，燃煤成本高且温度控制难度大，茶叶品质难以进一步提高，产能受到限制，也影响周边环境。

为推进乡村电气化，助力乡村振兴，2021年3月达州公司将巴山雀舌纳入了电能替代推广重点客户，积极走访并为巴山雀舌提出多样的电气化改造方案并分析其优缺点，积极协助客户推进“全电制茶”。在达州公司努力下，巴山雀舌在2021年5月确定了煤改电具体方案，9月28日完成全电改造，实现了杀青、炒茶、烘干存储全电气化。目前车间有杀青机2台，烘干机3台，低温度存储仓库2个，巴山雀舌完成煤改电后制茶操作更加简单方便，车间环境更加干净明亮，茶叶品质也进一步提升。

客户经理推广全电制茶

巴山雀舌实施电能替代，实现全电制茶后，经济效益和环保效益明显。一是节约了制茶能源成本，原煤制茶每年耗煤10吨花费5万元左右，而使用电杀青，每年用电约 6 万千瓦时，电费约为 3.2 万元，每年直接节约生产成本约 1.8 万元。二是减少了人工成本，原来从燃煤热风机烧煤、茶叶杀青、设备电气维护需要大量的人工劳作，以前三个茶师傅的工作，现在只需要一个人就可完成，效率大幅提升。三是提高了茶叶质量，原先煤制茶，由于温度控制存在较大难度产量受到限制，采用电制茶后茶叶品质得到了提升。

巴山雀舌采用全电制茶技在经济账划算的同时，环保账更为可观，实现了全过程清洁生产，显著减少了环境污染。一是每年减少燃煤 10 吨，每年可减排二氧化碳 20 吨，二氧化硫和氮氧化物合计 0.9 吨。二是能源利用效率提高，从烧煤 60% 的利用效率到用电 90%以上的利用效率，能源利用率同比提升 50%，达州公司也因此增加电能替代电量约 6 万千瓦时。

（二）现场服务客户，解决用电难题

2021 年 7 月 20 日，达州官渡供电所员工到官渡镇三合面村村委“光明驿站”开展现场服务活动。活动主要是为当地客户现场推广“网上国网”App 下载、受理客户咨询、开展安全知识讲座，宣讲安全用电常识，指导客户进行线上缴费、网上办电等，现场解决客户在“网上国网”App 使用过程中不清楚的难题。

官渡供电所通过送服务到村社，架起与客户的“连心桥”，切实为当地的客户提供贴心服务，全面实现用电业务“五办”（网上办、掌上办、就近办、帮你办、快速办），切实将实惠受利于民，努力将光明驿站建成一个为民服务的便利站。

现场服务客户，解决用电难题

实践案例 11

担当进取，开创营销管理工作新局面

（国网四川电力凉山供电公司）

一、实施背景

国网四川电力凉山供电公司（以下简称凉山公司）供区内农村电网基础薄弱且自然地域环境复杂，建设、维护抢修任务艰巨。为落实国家电网有限公司新战略，打造服务能力适应供区特色的服务团队，要求供电服务工作必须从高质量服务民生和经济社会发展这一根本任务出发，全面提升服务水准，持续为客户创造价值，助力供区内客户高质量发展。凉山公司以推进城乡服务一体化为主线，以“村网共建”为载体，找准服务“网格化”建设和服务末端供电所配置的薄弱环节，大力推进“践行一个宗旨”“改善一个环境”“履行一个责任”“树立一个形象”“四个一”营销服务，通过开展“两化”“三上门”“六个一”活动，使农村客户享受到城乡一体带来的实惠和便利，开创城乡服务一体化建设的新道路。

二、先进做法

凉山公司全体营销工作人员以“亮剑”精神、“尖兵”精神和“敬业”精神为方针，主动当好电力先行官，自觉把工作放在地方发展大局中谋划考量，主动对接政府、企业、客户，以“突出三个新、开辟三条路、做到三个实”，实现了服务地方经济发展新局面。

（一）结合特色，全面推动服务落地

立足新起点，展现新作为，服务新格局。凉山公司将始终牢记“为人民谋幸福，为民族谋复兴”的初心和使命，全力践行“人民电业为人民”的企业宗旨，结合凉山地域特色，站稳服务立场，奏好融入客户的主旋律。攻破服务险境，守好为民服务的主阵地，统筹精密布局，下好城乡同质的一盘棋，缩短客户距离，跑好营销服

务的接力赛，加大服务力度，种好营销效能的责任田，强化沟通协调，建好对外交流的联络站，全力推动城乡服务一体化服务落地，实现营销服务水平的整体提升，为加快实施乡村振兴战略，打造国家电网战略落地四川样板作出新的更大贡献。

（二）服务升级，优质服务深入大山

通过台区经理与社区网协员协作配合驻点服务的工作方式，将供电服务延伸到乡镇便民服务中心和社区党群服务中心，在社区村委会建立电力爱心服务站，主动实现供电服务人员与社区、村组、住户精准对接，在社区实现共建共享，建立供电服务微信群，并时常将安全用电常识以及网上办理等事项进行整理发到各供电服务微信群里，时刻关注供电辖区内村民的用电需求，选派专人到社区进行现场服务，推行用电业务受理、故障隐患处理、安全用电宣传、政策法规宣讲、爱心志愿服务工作等一系列共建服务新举措，有效调动政府、企业、客户三者共建和谐电力的积极性，零距离服务客户生产生活用电。通过爱心服务站开展暖心服务，最直接的为广大用户提供省心电、安心电、称心电、暖心电的优质供电服务。

（三）乡村振兴，电力视角看发展

凉山公司立足于凉山乡村振兴实际，成立“乡村振兴电力指数监控管理中心”，以电力大数据为主体，在全川首次创新建立“电力指数看乡村振兴平台”，从电力视角直观反映凉山州乡村振兴发展状况，精准为各级党委政府推进乡村振兴工作提供要素分析保障和决策支撑。用高效、专业、优质的服务赢得各方的肯定。同时积极开展产业园区电能替代和供电服务保障工作，全力服务“双碳”绿色发展目标。

三、实施成效

（一）结合电气化改造，大力拓展新型业务

“十三五”以来，凉山公司在助力实行“双碳”目标上精准施策，迅速落实国网四川电力“双碳”行动方案，精心谋划、大力提升电气化水平、客户能效、用能清洁化。电能替代的广度深度不断拓展，深化利用德昌县王所镇电烤烟试点项目示范效应，实现茨达、会东 2021 年再落地集中烤房 60 座，同时会理、盐源和越西纳

入规划集中烤房 130 座，为凉山现代烟叶产业高质量发展提供有力支撑。充换电服务水平不断提升，积极推进电动汽车充电桩建设，京昆高速凉山片区首座电动汽车充电桩——德昌服务区电动汽车充电桩于 2020 年建成投运，冕宁菩萨岗服务区电动汽车充电桩于 2021 年建成投运，洗车服务区电动汽车充电桩建设工作稳步推进，充换电量每年递增 175.8%，供区内充换电量实现大幅提升。

（二）助力彝乡振兴，迈向美好生活

凉山公司贯彻落实党中央决策部署，因地制宜科学规划乡村电网，提升彝乡电力服务水平。全面助力乡镇电气化、信息化。在设备上，通过多年的发展建设，凉山公司已全面消除供电盲区，现已实现每一村、每一寨、每一户通电。而基于管理模式改革推出的综合服务系统，不仅降低员工工作负担，减轻员工工作量，提升工作效率，更进一步推进乡镇供电所服务转型，更好地服务客户，贴近、深入到客户群体中，不仅是家家户户通上电，更是要助力大家把电用到提升生产生活品质上来。进一步强化乡村电气化服务保障，实现城乡等质服务，真正照亮人民通向美好生活的道路，为美好生活赋能。

四、典型案例

（一）贴心服务，爱心服务站“电”亮彝家新生活

“这个用电知识我知道……”在喜德县彝欣社区内，“大手牵小手。开学季安全用电进社区”活动现场成了最热闹的地方，一群孩子围绕着凉山公司工作人员，举起双手抢答问题，安全用电知识从娃娃抓起，让更多家庭受益。

“我家突然跳闸了，没电了……”“电卡要怎么使用？”在彝欣社区，“初心永恒电力爱心服务站”的工作人员张洋经常会接到这样的求助电话，面对这样的问题，他和同事都会第一时间赶到家里，为群众解决用电问题。

“彝家新寨、移民社区等大型社区的用电安全问题一直是我们关心和关注的问题，随着家用电器的增多，公司不断积极探索‘服务’新思路，为广大脱贫彝族同胞及搬迁群众安全用电、产业发展提供更加优质高效和贴心周到的电力供应服务”凉山公司总经理、党委副书记王戈介绍到。目前，“初心永恒电力爱心服务站”入

驻乡镇便民服务中心已达 157 个，这些电力服务站不仅可以“零距离”解决用电诉求，还能更好地服务群众生活用电问题。此外，在彝欣社区内，我们有滚动循环播放的居民、校园安全用电知识，有彝汉双语的用电常识展板，有 24 小时开放的服务站，有方便快捷的墙上、掌上营业厅，真正做到“人民电业为人民”。

2021 年以来，凉山公司持续推进乡村振兴电气化提升工程，规划推进“十四五”配网改造项目，着力建设坚固耐用配电网。同时稳步推动农业大棚、农业排灌、农副产品加工、畜牧及水产养殖等电气化改造，推进农电综合服务系统顺利上线运行，实现了供电所业务线上“一平台、一终端、业务通办”，在减少停电抢险时间，提升设备运维效率的同时，缩短了供电企业与客户之间的距离，用户“获得电力”感知实现了持续提升。

（二）守初心助发展，让责任与温暖常在

“谢谢你们电力‘红马褂’又来帮我们检查线路，保证我们三通道苹果分选线设备正常运行。现在正是苹果丰收的时候，只有这个机器正常运转才能把苹果及时梳出来运到外地销售……”越西县现代化农业产业园区负责人刘立辉高兴地说道。

电力“红马褂”检修线路

（三）全力保障产业发展，每一度都是“放心电”

越西县现代农业产业园区是集规模化、标准化、商品化、品牌化、产业化为一

体的高标准矮化密植现代苹果产业示范园，采用“新模式、新技术、新品种、新设施”，被称为“文昌故里的四新果园”，持续带动着越西县苹果种植业发展，为乡村振兴注入新的动力。苹果丰收的季节，苹果采摘回来，通过分选线设备将苹果进行清洗、分选和包装。越西公司共产党员服务队和青年志愿者们为确保分选线设备正常运行，提前对园区内高、低压线路和电力设备进行维护消缺，对线路设备进行特巡诊断，开展专项供电服务，贴心为园区负责人进行用电技术指导，及时处理用电难题，为苹果增产丰收提供可靠电力保障。

共产党服务队开展特巡诊断

（四）时刻不忘送教上门，每一度都是“安全电”

为保障广大果农顺利摘收和种植园区用电安全，共产党员服务队和青年志愿者们不间断地为果农们开展“安全用电”宣传，通过现场讲解、发放安全用电宣传单、张贴安全用电标识等措施，保障果农们用上“放心电”的同时确保人身设备安全。

（五）贴心服务客户增收，每一度都是“暖心电”

近年来，随着苹果产业的蓬勃发展，供电负荷也持续增加，越西公司想客户所想、急客户所急，安排专人为苹果园架设线路，开展增容业扩工作，全力做好供电服务，助推园区基础设施配套完善，得到当地政府和广大果农的一致认可。

供电公司为果农用电“保驾护航”

实践案例 12

联建模式绘就美好蓝图

（国网四川电力泸州供电公司）

一、实施背景

为深入践行国家电网有限公司“人民电业为人民”的企业宗旨，全面构建以客户为中心的主动营销模式，坚持围绕服务党和国家工作大局，服务人民美好生活需要的目标，把优质服务作为促进企业高质量发展的重要举措。国网四川电力泸州供电公司（以下简称泸州公司）聚焦国家电网战略四川落地实施方案和国网四川电力营销工作发展思路，结合泸州地区营销服务专业领域特点，通过推行为民服务“联建模式”，以提升供电服务质量为主线，既立足眼前，解决群众急难愁盼的具体用电问题，又着眼长远，完善电力惠民利民的有效机制，实现从“坐班服务”向“主动服务”的本质转变，全力构建以人民为中心，以“主动、智能、精准、开放”为特征的现代供电服务体系。

二、先进做法

以“服务连民心、齐抓共管”为原则，结合“村社联建”的工作要求，采取一网协同服务方式，明确信息“前沿哨”、三心“服务站”、乡村振兴“连心桥”、用电“安全网”四大功能定位。

一张图谱划好责任田。自上而下制定各专业部门在做好末端优质服务工作中的职责，按照“全面覆盖、不留空白、不交叉重叠”原则，重新划分台区经理网格，提高与村社服务网格匹配度，以电力服务网格长的形式融入村社基层治理团队，搭建供电服务站与村社服务中心沟通机制。

二大专业支撑聚合力。坚持“以客户为中心”，把满足客户需求贯穿于生产、营销两大专业管理过程中，实现前台服务网格化、后台支撑专业化、管理模式集约化，构建以降投诉为导向的精准投资模式，以提质增效促民生为主线，促进泸州公司运营质效提升。坚持“以问题为导向”，落实专业服务管控职责，抓住客户服务重点难点，整治服务薄弱环节，综合施策，提高客户诉求一次解决率，切实降低重复投诉，提升服务质效。坚持“以闭环提实效”，强化认识做加法，转变服务意识；督促自查做减法，以点带面抓整改；融合监督做乘法，专业协同强化以查促改机制；严格把关做除法，全程跟踪督办闭环“全链条”，提升供电服务质量。

三支队伍定好主力军。组建台区经理团队、网格联络员小组、电力“壹修哥”志愿服务队。建立动态驻点服务机制，主动对接政府机构，以驻点服务形式将营业厅服务功能延伸至便民服务中心，要求村社微信群全覆盖、群众诉求集中登记、闭环反馈解决。聚焦老弱群体留白空间，组建水电气联合志愿团队，上门主动服务，用好泸州电力“壹修哥”品牌价值。

四维联动绘好同心圆。借助村社服务点场地和村社书记公信力，开展“乡村振兴+”“创文+”“网上国网+”“停送电精准发布+”专项行动，将电力政策、专项工作、网上国网宣传推广有机结合，实现入户走访、沟通协调、资产管理和电费缴纳四个联动。

三、实施成效

（一）基层员工服务认识全面提升

全域实施网格化供电服务工作，是泸州公司巩固提升质效，提升服务水平的重要举措。各单位有针对性地开展专题培训，完善监督考核，强化正向激励，大力培养一专多能、服务意识强、专业背景全面的复合型人才队伍，切实推进网格化联建供电服务工作的开展，形成全员服务浓烈氛围，一线员工优质服务意识明显提升。

（二）岗位责任和执行力得到强化

基层单位依据泸州公司提出的工作要求，结合自身实际制订具体实施方案，明确任务目标、职责分工和进度计划，层层落实到人头，常态工作机制得以完善，责任落实和过程考核加以强化，促使工作效率提升，工作目标务期必成得到保障。

（三）供电服务水平整体大幅提升

通过推行为民服务“联建模式”将重心要放在事前管控上，特别是加强频繁停电和低电压台区的服务风险分析和预控，进一步将台区经理网格化服务做实，通过按电压等级细化分工，各层级台区经理从岗位职责出发，采取线上、线下多种渠道加以村社联系人的影响力，强化与客户之间良好有效的互动沟通，提前精准告知停电、欠费、业务办理进展等客户关心的信息，及时化解供需矛盾，安抚客户情绪，让客户遇到用电问题的时候有地方反映，找得到人处理，使投诉风险减到最低。

四、典型案例

（一）服务烟农，助力乡村振兴

“真的太感谢电力公司了！”2021 年 8 月 20 日，黄荆供电所负责人带领营销专责、台区经理一行人到大寨苗族乡向阳村进行用电普查，该村烤烟大户王兴宏紧握着所长王静波的手，感谢供电所及时解决烟农烤烟用电难题。

大寨苗族乡属于烤烟大乡，烤烟种植面积 5200 亩，有烟农 104 户，亩产烤烟均 0.2 吨，烟叶质量好，人均年收入可达 1.5 万元。近年来，随着人民生活水平的提高，原来烤烟集中区向阳村 5 组理河台变已经不能满足人民的生活需求，出现低电压现象。每年只要一到烤烟复烤季节，低电压现象更加突出，不合格的电能直接影响到烟农收入的提高，有的烟农甚至使用自备发电机对烤烟用电机进行供电。

为了解决这一难题，2021 年 6 月 2 日，大寨苗族乡台区经理积极了解客户生产需求，制定解决方案，在多方努力下，新架设并投运投一台 200 千伏安变压器 10 千伏香桂线金沟湾台变。从而解决了烟农因电压低烤房电机转速慢导致烤烟烤制质量不合格这一大难题。也解决了理河台变常年低压线损不合格的问题。

2021 年 1 月至 9 月，大寨苗族乡台区经理深入田间地头了解烟农种植烟叶烤制情况，巡视低压用电线路 40 余次，帮助烟农更换故障漏电保护器 25 次，更换老旧下户线 10 次，用实际行动服务客户，用优质服务为烟农用电护航。

（二）台区经理送服务上门，为客户排忧解难

2021 年 9 月 9 日，泸州公司上马镇台区经理会同“云溪美”志愿服务联盟的志愿者来到上马镇江田村杉树湾生态禽业养殖场，为养殖场提供用电服务，并为特色农产品进行线上推广。

受新冠肺炎疫情影响，上马镇江田村杉树湾生态禽业养殖场农产品销量锐减，养殖场加工厂暂停加工，造成导致较小的用电量与大功率的变压器的不匹配，加工厂每月需承担变压器的损耗及无功补偿电费上千元。上马镇台区经理在知晓客户当前问题第一时间制定方案为其更换了更加匹配又经济适用的变压器。

此次，台区经理更是拓展了服务内容，主动联系志愿者为客户产品找销路，缓解新冠肺炎疫情带来的影响。志愿者们通过实地考察、现场试吃。在对林下土鸡、鸡蛋的喂养食材、喂养方式、口感、品质、特点、文化内涵深入了解后，纷纷被杉树湾土鸡实力“圈粉”。

“古大哥，这散养吃着纯粮食的鸡在城市里可是稀缺货，安全放心的食材人人都喜欢，我帮你发个朋友圈，相信会得到更多人的认可。”志愿者们向养殖场老板古帮泽建言，纷纷在线上帮助推广。

“太感谢了！你们的真实体验，比我们说一百句的效果还好，养殖场很偏僻，好多人都不知道我们的产品，全靠心口相传，下一步，我们的重点就是线上销售，现在销售也在逐步回暖。”古帮泽对养殖场的未来充满信心。

经过志愿者们两个多小时的线上“吆喝”，收获订单 80 余件，实现销售收入近 2 万元。

此次活动是对供电服务“联建模式”延伸的一次实践，助力本土农特产品、文化旅游、乡村风貌的宣传，旨在通过探索实践，带动更多人关注、购买纳溪特色优质农产品，助推传统产业，更为丰富为民服务内涵。

实践案例 13

强化细节管控，提供精准服务

（国网四川电力宜宾供电公司）

一、实施背景

为切实践行“人民电业为人民”的企业宗旨，紧紧围绕国家电网有限公司工作主线，不断增强的电力发展和客户体验给广大人民群众带来的幸福感，开创优质服务新局面，实现供电服务水平的新跨越、新提升。国网四川电力宜宾供电公司（以下简称宜宾公司）多措并举，全力做好供电服务保障工作，不断提高服务品质和服务效率，提升客户“获得电力”服务感知。

二、先进做法

（一）“党建+服务”双管齐下

认真贯彻落实国网四川电力党委工作部署和宜宾公司党委工作安排，充分发挥党建示范引领作用，推动党建工作与优质服务工作相融互促，提升营销服务质效，不断提高人民群众的“电力获得感”，宜宾公司结合工作实际，制定“党建+优质服务”工作实施方案。宜宾公司坚持以人民为中心，分层分级建立优质服务工作机制，设置党支部和党员服务责任区，深入推进网格化客户经理，切实满足客户用电需求，确保办电更省时、办电更省心、办电更省钱、用电更可靠，持续改善用电营商环境，具体化党支部战斗堡垒作用和党员先锋模范作用发挥。

（二）加强敏感客户管理

为进一步提升服务水平、强化服务管控、防范不良影响，针对敏感客户供电服务保障，制定针对性措施：一是召集敏感客户组织座谈会。营销部指导宜宾公司下辖各区县公司召开敏感客户座谈会，根据客户反映情况，提交相关职能部门讨论、解决，敏感客户座谈会每年安排不少于 1 次。二是定期开展客户走访。宜宾公司下辖各区县公司客户经理定期走访敏感客户，发现问题隐患，及时向上级管理部门汇报，共同会诊敏感客户供用电安全问题。三是严格执行国网四川电力《停送电信息管理工作指导意见》。四是加强客户技能培训。专业部门牵头组织对敏感客户电气运行人员、电气操作人员、电工开展电力业务技能培训工作，进一步提高敏感客户电气人员技能水平和应急处置能力。五是细化客户基础管理。各级客户经理应熟悉敏感客户电网侧供电方式，客户侧的用电运行方式和重要负荷分布情况，保证敏感客户基础档案资料正确，对客户侧安全隐患切实做到通知、报告、服务、督办“四到位”。

抓好“三个方面”的工作，一是全面梳理基础管理，客户经理应熟练掌握客户用电运行方式情况，公用线路负荷分类情况。二是完善机制，调控、运检、营销完善流程，计划停电预警不能有疏漏，故障停电由相关部门参与应对，做到沟通、协调和走访形成常态。三是迎峰度冬有序用电，要确保主电网安全运行，确保居民正常用电，确保高危及重要客户安全用电。

客户经理给变压器测温

（三）“获得电力”迎检

持续压减办电时间。一是推行客户经理制，坚决执行一次性告知、一站式服务、限时办结等要求，专人跟踪、全程指导业务办理，协调推进宜宾公司内部各环节，从资质审查、工程建设等多个方面为客户提供必要的电力技术支持，协助客户解决用电问题。二是推行“客户主导式”送电模式，简化新投手续办理，结合客户工程施工情况，提前与客户协商确定竣工验收及送电时间，并按时开展装表和送电工作。三是理顺业务办理权限。10 千伏及以下业务由各区县公司全权办理，减少审批环节，加快办电进度。全面下放 35 千伏业务办理权限至区县公司，高压供电方案实行备案制，受理、勘查、方案答复、设计审查、中间检查、竣工验收、装表接电限时办理。进一步规范 110 千伏及以上业务办理流程，客户经理全程跟踪服务，协调内部各分支专业环节，一口对外，确保客户“早接电、早用电”。

持续提升供电可靠性。一是加强停电计划管理。严格执行“市县两级平衡”的停电计划审批流程，提升停电计划平衡质效，强化停电计划刚性执行。二是加大带电作业频次。截至 8 月 30 日，2021 年共计完成带电作业 291 次，同比增加 28.19%，大大缩小停电范围。三是强化隐患排查治理，提高配网运维水平。推进输配电线路“三跨”“六防”治理，排查外破隐患 145 处，多雷区隐患整治 185 项，并持续开展电缆通道清理，电缆防爆盒安装率达 100%。四是加强农配网基础网架投资建设，2021 年安排农配网项目投资计划，从源头提升供电能力和供电可靠性。五是做好“一停多用”优化检修计划，集中检修高频次跳闸线路 21 条，故障跳闸同比下降 32.11%，供电质量投诉工单同比降低 46.79%。

（四）制定供电服务奖惩办法

为积极应对市场竞争环境，有效规范宜宾公司系统各级干部员工供电服务工作，激励激发全员参与供电服务工作，切实防范供电服务风险，压控客户投诉，本着有奖有罚、奖惩分明的原则制定《供电服务业绩奖惩实施意见（试行）》。明确专业管理部门职责分工，深入推行“管专业必须管服务”的服务责任考核机制，强化服务监督评价体系。持续开展供电服务投诉压降工作，坚持“以客户为中心”，各牵头管控部门齐抓共管，形成高效协同的工作机制。半年召开一次宜宾公司市场拓展及优质服务分析会。

营销专业管控投诉，加强漠视侵害群众利益工单整治，逐笔实行市、县公司会签和“说清楚”制度，严控营业、服务类投诉。对营销、运检专业周期无投诉进行绩效奖励，开展“无投诉供电所”创建，年度无投诉供电所，按绩效进行奖励，起好标杆作用。

三、实施成效

（一）落实奖惩制度，大幅压降投诉

宜宾公司结合公司实际，编制《供电服务业绩奖惩实施意见（试行）》，意见中明确专业管理部门职责分工，深入推行“管专业必须管服务”的服务责任考核机制，持续开展供电服务投诉压降工作，各牵头管控部门齐抓共管，形成高效协同的工作机制。

（二）多措并举减少频繁停电

为减少对客户的停电次数，避免在电网运行方式调整时造成对客户的供电中断，宜宾公司全面提升带电作业能力，延伸不停电倒换电源工作。宜宾公司持续开展不停电倒换电源工作，全面取消开闭所闭锁功能，延伸不停电倒换电源范围，进一步减少客户的停电次数。2021 年上半年共计开展不停电作业 183 次、累计减少停电时间 900 余小时，为客户多供电量约 36 万千瓦时电量，全年带电作业累计减少停电时间达 2000 余小时。

工作人员带电作业

四、典型案例

（一）扎实开展“村网共建”工作

为让农村客户“好”用电、用“好”电，助力乡村振兴，2021 年 9 月 2 日，宜宾公司组织召开了加强村网共建、提升供电服务“最后一百米”现场工作会议，宜宾公司分管副总经理出席会议。在南溪罗龙长江村党群服务中心驻点处，参会人员一行参观交流村网共建开展情况，宜宾公司南溪县公司推行供电服务“新模式”、网格经理服务“零距离”、村网共建搭建“连心桥”等工作所取得的成效受到肯定，参会人员也感受颇深。会上营销部就拓展村网共建、做实驻点服务、做好项目储备、夯实基础管理等提出近阶段工作要求，加强指标管控，层层落实责任，以绩效奖惩机制来调动员工积极性，增强员工责任感。“村网共建”驻点服务乡村振兴。乡镇、村社驻点服务覆盖率达 100%，“两牌一本一资料”配置齐全。

（二）惠民农网升级改造

“宜宾公司惠民助农的用电政策太好了，一下子就为我们三岔村新增加了 4 台

农网升级改造

变压器，如今 4 个村民小组、140 户人家拥有了 7 台变器。电力足了，村民们养鱼养虾、繁殖仔猪、发展生猪和种植油樟苗、蔬果浇灌就有了坚强的后勤保障。”9 月 19 日，宜宾市翠屏区双谊镇三岔村村支书文声全对宜宾公司翠屏县公司宗场供电所巡线人员说。

实践案例 14

创新服务新模式，加快智能营销转型，助推绿色电力落地发展

（国网四川电力南充供电公司）

一、实施背景

“碳达峰”“碳中和”目标提出，为我国转变用能结构，继续开拓售电潜力市场，带来新机遇，也为电力服务的创新转型提出新要求。面对当下开放性市场，部分员工服务理念尚停留在稳定存量客户阶段，未树立“主动营销”意识，难以顺应当前市场经济发展。大客户服务工作还未形成完整的服务体系，缺乏相关配套支撑，跟其他专业未产生联动共鸣，服务质效不高。因此，充分发挥电力行业实现“双碳”目标主力军作用，通过构建新型服务模式，加快智能营销转型，提供更加主动、更加优质、更加精益的供电服务助推全面助推新能源建设和乡村振兴势在必行。

二、先进做法

国网四川电力南充供电公司（以下简称南充公司）为深入贯彻国网四川电力“12333”发展战略和“十讲十增强”总体要求，深入践行“人民电业为人民”企业宗旨，全面落实国网四川电力优质服务工作部署，以提升客户感知为目标，大力推进智能营销体系建设，严控服务质量，试点创新转型，重构服务模式，优化运营环境，一是构建“134”服务模式，推进服务线上化变革、强化线下服务精准管控，实现服务及时响应，营造“群众暖心、客户满意”的服务氛围，全面提升客户体验，塑造新时代供电行业为民、亲民、规范服务的新形象。二是全面助推新能源建设，打破服务专业壁垒，建立新能源客户“精准、精益、精心”专属服务模式。

（一）构建“134”服务模式，推动服务转型升级

1.“一条通道”优化服务模式

为做好服务转型升级，深入推行“线上服务入户、线下服务进村进社”服务新模式，切实减少客户跑路次数、提升办电服务速度，南充公司创新开通“电力服务直通车”，打通服务“最后一公里”。直通车按照 8 人标准安装移动办公桌椅、储物柜，配置电源逆变器、打印机、笔记本电脑，满足移动办公现场办电服务功能。“电力服务直通车”按照定点服务及专属服务两种模式，一是客户通过线上方式提交用电申请后，公司预约上门时间，实现现场查勘、供电方案答复、设计审查、中间检查、竣工验收等环节“一站式”主动上门办理，为客户提供“一站式”服务，形成足不出户、服务“一次到位”的线上服务新体系。二是为积极助力乡村旅游产品发展，拓展延伸直通车服务区域，在凤舞天宫旅游环线打造三处“直通车”现场服务站点，设置服务站牌，公示定时服务时间，流动开展用电咨询、“网上国网”App 等线上服务渠道推广、充值缴费、用电宣传等工作，精准服务乡村旅游服务需求。

电力直通车开到家门口

2.“三张网格”推动服务全域覆盖升级

一是红色责任网格化。在供电所党支部为每一名党员划分“红色责任田”，将电力设备网络较差的村社交予党员负责，实现电力先锋“一对一”或“一对多”的

精准治理，通过包片党员协调治理，问题台区、线路达到线损标准和线路设计标准，分别授予“示范台区”“示范线路”称号，充分发挥党员先锋模范作用和基层党支部战斗堡垒作用，为强运维、降投诉、优服务提供坚强保障。二是台区经理网格化。将台区经理与驻点服务有机结合，在全市辖区内设置网格化台区经理247个，到乡镇便民服务中心驻点服务，了解用电需求，强化政、企双方信息沟通，及时掌握网格区域产业发展计划、招商引资、人员流动等政务数据，精准开展办电服务，持续提高客户的电力“获得感”和“满意度”，更好地服务乡村振兴。三是服务监督网格化。南充公司以区域为轴人员为点，在全市范围内聘请“网协员”491名，建立“网格员”与“网协员”信息共享、共治共抓机制，通过“网协员”对台区经理的服务行为、抢修时效等进行监督，促进台区经理行为的规范性。利用“网协员”对当地群众、地理环境熟悉的优势，让台区经理及时掌握当地群众的电力纠纷、用电诉求，提供更加精心的办电和报修服务。

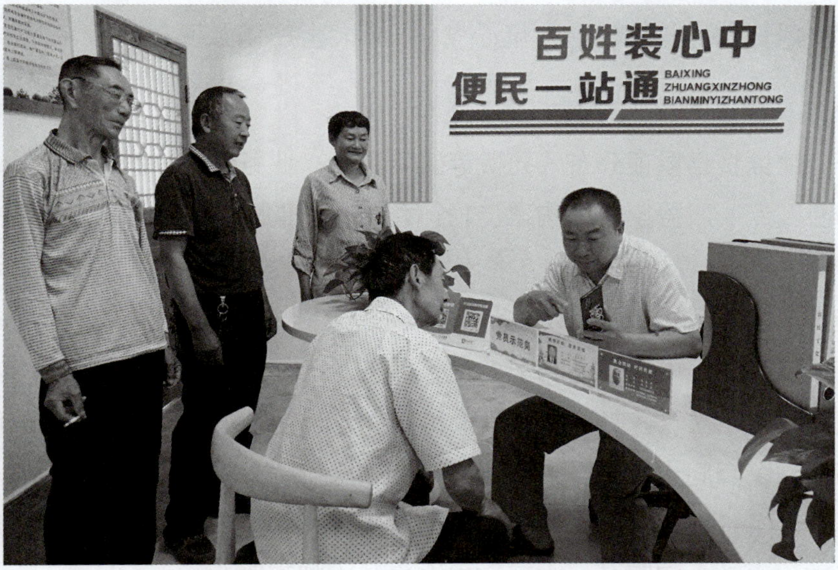

便民服务点

3.“四项创新”提升智能化服务水平

一是创新打造线上智能服务场景。依托江南五星级供电所，开设独立区域打造线上办电互动体验区，通过多媒体应用现场演示以“网上国网”App为主、微信+支付宝为辅的线上办电、线上报修、线上缴费服务模式，以更亲民、更直观、更实效的推广方式，让客户感受“办电不出门，手机全搞定”的服务体验。二是创新运用智慧消防监控手段。与阆中某科技有限公司共同开发智慧消防监控系统，利用“大云物移”技术，在线监测古城区域内23643个智慧消防应用点的电气线路数值，通过大数据进行分析、判断是否存在隐患，超过设定预警阈值实时报警并发送信息给管理人员和关联用户，切实降低电气火灾风险，保障群众生命财产安全。三是创新运用综合能效分析技术。受“税电指数”启发，大胆创新实践，与阆中市大数据中心联合开发能效分析应用，监测古城景区、酒店、民宿、餐饮用电情况，实时掌握需求侧负荷变化，透视旅游热度，构建古城旅游电力发展指数，科学规划电网升级方案，积极助推旅游经济发展。四是创新实施“刷卡通”自动售电项目。在电力助力乡村振兴示范村灌溉集中区试点装设智慧抽水用电系统，新增专用电表用于抽水灌溉，由村委会统一管理，通过微信、支付宝、刷电卡等多种缴费方式，实现自助缴费、自动通电、自助用电功能，杜绝灌溉抽水私拉乱接不安全现象，切实保障客户用电安全。

（二）突出“精准、精益、精心”，打造大客户精致服务

1. 打造精准服务模式，提升服务质效

为全面助推整县屋顶分布式光伏等新能源新兴业务建设，南充公司构建“精准、精益、精心”专属服务模式。构建“1个团队”精准服务，即组建1个专业团队，团队由营销、运检、发建等部门5名专业人员和1名优秀专家人才组成。通过提前走访对接客户，建立重点客户数据库，主动服务，准把握客户诉求，提前主动对接，掌握项目信息，做好电网规划和配套项目储备，确保项目顺利进行。落实“2本台账”精益管理，建立“客户诉求台账”和“项目储备台账”两本台账，确保新能源项目不漏办、配套同步实施、项目按期投运。坚持“3个原则”精心服务。坚持员工走出‘嘉’门、客户不入‘嘉’门、办事‘嘉’中有人”三项原则，开通办电服务绿色通道，主动上门服务，实现客户办电一次都不跑。

2. 客户经理层级配置，提升服务质效

南充公司针对项目规模、重要性等信息分层级配置“公司领导、部门负责人、片区经理”三级客户经理，实现“三个协同联动”（洽谈项目与电网规划联动、签约项目与业扩配套联动、开工项目与办电服务联动）。南充市高级中学嘉陵校区综合能源项目由南充公司领导担任客户经理，全面统筹办电业务推进，利用每日早会掌握业务办理进度、难点，主动上门沟通，协调办电业务快速推进。高压并网项目

由部门负责人担任客户经理，全面协调客户办电事宜，定期向公司领导汇报业务推进情况。其他业务由业扩专责担任客户经理，定期走访，掌握客户工程进度，通过办电 e 助手线上服务渠道及时与业主共享办电进度信息，实现项目工程早日动，竣工送电尽早通。

3. 定期专业化巡视，提供全方位精益服务

为保障新能源项目安全稳定运行，南充公司按照属地化服务原则，设置“一对一专属服务”光伏项目经理，定期对接客户需求，制定专业化巡视计划，对产权分界点以前电网设备开展巡视、检查和维护，提高电力保障能力，同时提醒客户对产权分界点以后的电力设施加强检查，做好维护，确保光伏发电可靠运行。

三、实施成效

（一）服务新模式，大力提升服务质效

南充公司通过“电力服务直通车”，将优质服务和乡村旅游融会贯通，利用直通车站点服务，全力推广“网上国网”App 等线上服务渠道，累计推广“网上国网”App 新增注册 100 余万户，线上办电率达到 99.92%。全域推广客户经理网格化服务，深化“村网共建、社网共建”服务融合，将供电服务延伸至政府各级便民服务中心，高效打通客户服务“最后一公里”，实现服务水平跨越提升。建立 272 个城镇“零距离朋友圈”和 5522 个农村“背靠背”行风监督员微信群，建立覆盖全域的监督员网络，累计接收意见建议 782 条，响应反馈率 100%。深化大数据应用融合，聚焦客户侧用能优化，精准匹配客户用能服务需求，客户通过线上自助提交申请资料，直通车 “一站式”保姆服务，使客户足不出户，享受“指尖上”的电力服务，实现客户办电“一次都不跑”。南充公司近年来收到客户感谢信和锦旗 200 余次，客户满意度持续提升。

（二）专属服务机制，助推新能源业务发光发热

南充公司通过创新新能源客户专属模式，配置层级化客户经理，开展主动上门服务等方式，在光伏项目等新能源建设初期，主动上门一次性告知客户光伏建设需满足的相关规定、资料，并深入为客户讲解并网验收标准。在并网验收过程中为客

户详细介绍投运后上网电费如何结算，电费发票如何开具等具体问题。项目投运后客户经理定期上门指导客户光伏电站运行，帮助客户最大限度提升发电效率，高效服务获“新华社”宣传报道。截至 2021 年底，南充嘉陵区已经并网的光伏发电项目一共 17 个，其中国家级扶贫光伏项目 1 个，并网容量 3 千瓦；村级电站 1 座，并网容量 16 千瓦；由某光电集团建设和运维的光伏发电项目共计 15 个，合计并网容量 2790 千瓦。

四、典型案例

（一）“电铸”美好生活，“赋能”乡村振兴

“太感谢你们了！在这么短的时间内让我们用上电，真是帮我们解决了大问题！”2021 年 10 月 13 日，南充公司工作人员走进柏垭镇五龙村沃柑种植园进行回访时，该园负责人邓小清对供电人员连声道谢。

2020 年 12 月，在外务工的邓小清看到了家乡的变化与前景，决定回乡一边照顾家里的老人，一边创业。经过多次考察她开办了沃柑种植园，计划专门种植沃柑。因生产需要动力电，在看到供电公司在五龙村设立的“电力服务直通车”现场办电站点公示的信息后，向工作人员咨询了解用电手续以及所需费用。

在了解到客户用电需求后，“直通车”负责人郑歆锂立即组织运检部、供电所的同事开着“电力服务直通车”来到现场进行勘察，并现场确定了供电方案。从现场勘查，准备物料，组立电杆，架设线路，仅用三天便为邓小清通上了三相动力电，确保了她家的沃柑种植园在年底前顺利投产。

为助力当地现代农业发展，服务乡村振兴，南充公司围绕“做好先行官、架起连心桥”的主线，创新“电力直通车”，主动对接当地政府，提前掌握产业规模，并加强与种植户的沟通，及时了解种植户用电情况，为种植户开通绿色通道，通过精简业务流程、现场并联办公等方式，为客户缩短上电时间，提供贴心的用电优质服务。划定“党员责任田”，实行“台区经理网格化”行动，定期开展跟踪回访，为企业量身定制个性化、动态化的供电服务方案，深入田间地头，贴近群众，服务群众，巡视低压线路及漏保装置，对水泵控制箱、滴灌设备、卷帘机等进行全面诊断，彻底排查设备隐患，为现代种植产业发展上好“电力保险”，为种植户丰产增

收提供坚强的电力保障。

（二）打造“嘉”园，精益服务助力特色小镇重点项目建设

“新能源汽车特色小镇范围内现有110千伏变电站1座（110千伏火花变电站），主变容量71.5兆伏安，2021年最大负荷37.6兆瓦，该变电站能够进行扩建，扩建后容量可达3×63兆伏安……”9月14日，在新能源汽车特色小镇厂区门口，南充公司发建部负责人对嘉陵区发改局、嘉陵工业集中区管委会相关负责人一一介绍道。

据了解，嘉陵区新能源汽车特色小镇于2021年6月20日被四川省政府确定为“四川特色小镇”，该小镇位于南充市嘉陵区主城西郊，总面积4.98平方公里，常住人口约1.8万。小镇聚力发展主导产业，突出产城人文融合，构建形成组团式、网络化、集约型的“一核两轮三区”功能空间布局。小镇规划重点项目27个，已建成吉利汽车、越创铝业等项目8个，在建项目4个，拟建项目15个；从空间分布看，在新能源汽车智能制造区的有13个，汽车文化展示体验区的有3个，配套生活服务区的有11个。

为全面保障小镇内企业及时用电接入，南充公司建立了“333”联动机制。一是通过定期沟通、主动走访等方式，收集完善项目情况，建立业扩报装“招商引资项目、签约入驻项目、即将开工项目”三本台账；二是针对项目规模、重要性等信息分层级配置了“公司领导、部门负责人、片区经理”三级客户经理，分层分级主动对接，保障信息畅通；三是建立了“洽谈项目与电网规划联动、签约项目与业扩配套联动、开工项目与办电服务联动”三个协同联动机制，提升内部协同配合效率，及时快速响应客户项目用电需求。

下一步，南充公司将坚持以客户为中心的服务理念，以提升客户“获得电力”满意度为目标，用活“三本台账”、做好“三级客户经理”，持续加大综合能源托管业务宣传力度，不断挖掘辖区内的潜在用户，做到供电公司与用电企业共赢，实现“碳达峰，碳综合”的最终目标。

实践案例 15

打造“电力精算师”服务品牌，不断优化营商环境

（国网四川电力广元供电公司）

一、实施背景

随着社会经济的不断发展，广大电力客户在重点关注电力供应安全性与可靠性的同时，对其经济性的关注度也越来越高，出现了部分客户与预期电费差异较大，对国网四川电力广元供电公司（以下简称广元公司）核算的电量、电费以及用电均价认可度不高，给电费回收带来一定阻力的情况。

为指导好电力客户充分应用电价政策，合理选择最优计费方式，优化用能成本，广元公司组建“电力精算师”团队，构建了一套以客户能效分析为基础的“电力精算师”服务体系，由“电力精算师”团队成员定期、主动对客户开展“一对一”能效分析服务，为客户提供精准能效分析服务，在为客户优化用能水平提高生产运营经济性的同时，切实降低企业电费成本，从源头防范客户对电费支出的疑问，缓解电费回收压力，不断提升客户电力获得感，促进广元地区电力营商环境进一步优化。

二、先进做法

“电力精算师”团队是聚焦广元地区电力客户在用电过程中高度关注的用电经济性问题，构建了一个集客户能效诊断与个性化服务于一体的专业服务体系，团队成员覆盖广元市 4 个县 3 个区，由电费电价、用电检查、采集计量、业扩报装等各专业的技术人才构成，团队以营销业务系统、用电信息采集系统为抓手，对电费结算后到户均价异常的客户开展用电分析，并主动、一对一进行电价优惠政策宣讲，综合评估企业电费均价状况，进企业对均价异常客户制定“一户一策”最优用电方案，指导客户用好电，充分应用各项政策、措施，确保能够在同等条件下，将到户电价做到最优水平切实降低企业电费成本，达到维持电力客户正常运营，实现供电

企业持续稳定售电，切实解决客户用电过程中最关心的电费支出问题，大大提升客户“获得电力”感知度，促进广元地区电力营商环境不断优化。

媒体正面报道“电力精算师”团队

（一）建章立制，规范管理，明确“电力精算师”工作内涵

1. 明确“电力精算师”工作内涵与目的

制定《国网广元供电公司“电力精算师”服务工作方案》，一是明确广元公司开展“电力精算师”服务是为助力广元地区电力营商环境不断优化，努力践行国家电网有限公司“人民电业为人民”的企业宗旨的重要举措；二是明确“电力精算师”服务团队人员构成为电费电价、用电检查、采集计量、业扩报装等专业的技术人才，确保客户能效分析全面、准确开展；三是制定“电力精算师”服务工作目标，确保做好客户服务工作，做好电价政策宣传，指导客户用好电，充分应用各项政策、措施，确保在同等条件下能够将到户电价做到最优水平。

2. 固化“电力精算师”服务流程

对“电力精算师”服务工作的各个处理环节进行明确，并就各个环节需配合的专业也同步进行明确，指导各单位电费电价、用电检查、采集计量、业扩报装有序开展“电力精算师”服务工作，实现“电力精算师”服务闭环管理。

（二）建立互动机制，搭建客户、企业、政府三方信息交流平台，多方位获取客户用能需求

1. 建立大客户座谈会机制，搭建信息交流平台

由广元公司营销部牵头，客户服务中心、各区县公司配合，以召开大客户座谈会的方式邀请广元市经信局、发改委以及下辖各区县重要电力客户，搭建客户、企业、政府三方互联互通的信息交流平台，并以此为契机加大电力市场化交易、线上缴费等用电政策宣传，打破信息壁垒，让政策更透明、沟通更顺畅，使客户、政府对业务办理、电费电价执行等清楚明了，破除客户疑问，为广元公司电费回收营造良好的社会环境。

2. 主动作为，多方位掌握客户用能需求

由广元公司营销部牵头，以客户服务中心和各区县公司为单位，主动对接广元市、县两级掌握客户用电需求较多的政府部门，一是主动了解政府对于供电服务的意见建议，多方位倾听可以提升广元公司服务水平的建议与意见。二是及时收集相关企业经营现状、用电诉求、用电问题等反馈信息，真实、全面掌握客户用电实际需求，以实际需求为出发点，结合广元公司政策，不断优化“电力精算师”服务，确保客户“获得电力”感知度提升。

（三）以客户需求为导向，多维分析客户异常用能情况

1. 以大数据分析为基础，建立客户能效分析基础数据台账

在每月应收扎账后，“电力精算师”中的电费专业人员，根据当月已发行电量电费情况，逐户统计核实大工业客户总电量、总电费、总代征电费、基本电费、力调电费 5 个核心电费基础数据，核算客户到户均价以及基本电费分摊均价，按供电单位建立大工业客户月度能效分析基础台账，并按照广元公司营销部拟定的大工业电价异常标准，筛选异常电价客户。

2. 多维分析客户用能情况，查找客户到户电价异常原因

“电力精算师”中的用电检查专业人员利用营销 SG186 系统核实客户的用电容量、变压器大小、供电方式等算费相关信息，同时利用用电信息采集系统，对客户当月用电量、近几个月电量波动、负荷曲线走势等情况进行比对，通过两个系统数据的详细分析，查找造成客户电价偏高的所有因素。

三、实施成效

（一）“获得电力”营商环境评价不断提高

广元公司认真贯彻落实各项优化营商环境政策，严格落实一般工商业电价下调政策，与此同时在确保分层、分级网格化客户经理制的基础上，通过构建“电力精算师”服务体系，深化电力增值服务，针对广大客户特别关注的用电经济性问题，主动为客户开展能效分析，助力客户不断提升电力获得感。

2019 广元公司构建的“电力精算师”服务受到高度认可和评价，“电力精算师”的主要做法和工作成效均纳入《2019 年四川省“获得电力”营商环境评价报告》，并被评为四川省“获得电力”营商环境优秀举措三大举措之一。

（二）践行“人民电业为人民”社会形象获得多方认可

随着享受“电力精算师”服务客户的不断增加，广元公司创新性开展的“电力精算师”服务体系获得广大电力客户、政府主管部门、社会媒体的高度认可。

（1）自广元公司开展“电力精算师”服务以来成效显著，共计现场服务 2100 余次，为客户制定优化用电方案 1900 余个，有效为客户降低电费成本支出，由此也获得了省市媒体的多次关注、播报，被评为国网四川电力 2019 年度社会责任根植项目优秀示范项目，同时入选国家电网有限公司社会责任根植项目重点示范项目库。2020 年广元公司“电力精算师”项目获四川省企业管理现代化创新成果二等奖，同时获得国网四川电力 2020 年度管理创新二等奖。

（2）广元公司积极致力于广元地区“获得电力”优化营商环境的提升工作，并创新开展“电力精算师”服务工作，为广元电力客户有效优化用电成本，助力广元地区产业持续发展，2019 年因广元公司突出的工作成效，获得广元市电力主管部门的高度认可，获评广元市产业发展突出贡献单位。2021 年因“电力精算师”优化企业用能服务成效显著，获得四川省委、省政府高度重视，分别入选中共四川省委办公厅每日要情、四川省人民政府办公厅政务晨讯等重要政府文件。

（3）通过“电力精算师”的主动服务和精准服务的有效开展，广元公司积极对工作进行经验总结，不断优化，指导各基层单位创新实践，助力广元市工业客户降低用电成本，优化广元电力营商环境。通过“电力精算师”一对一精准服务工作的积极、有效开展，为广元市优化电力营商环境作出有力支撑，广元公司的创新型服务模式获得广元市领导的表扬与肯定。

（4）助力售电量的大幅提升方面。随着广元地区电力营商环境的不断优化，良好的电力环境吸引多家大型企业落地广元，广元公司地区用电负荷不断增加，售电量也出现持续增长态势，截至 2021 年 10 月底，广元公司售电量较去年同期增长 44.12%，其中工业用电量增幅明显，较去年同期增长 57.83%，首次突破百亿售电量大关。

四、典型案例

以大数据分析为基础，多维分析客户用能情况。

按照广元公司昭化县供电公司“电力精算师”工作流程，每月应收扎账后，“电力精算师”中电费专业人员，根据当月已发行电量电费情况，逐户统计核实大工业客户总电量、总电费、总代征电费、基本电费、力调电费 5 个核心电费基础数据，核算客户到户均价以及基本电费分摊均价，建立大工业客户月度能效分析基础台账，根据广元公司营销部拟定的大工业电价异常标准，某企业作为到户电价异常客户受到“电力精算师”中用电检查专业人员的关注。

“电力精算师”中的用电检查专业人员利用营销 SG186 系统和用电信息采集系统，逐一对该企业的用电容量、变压器大小、供电方式等算费相关信息，当月的用电量、负荷曲线、电量波动、负荷曲线走势等情况进行比对，查找造成该企业到户电价偏高的主要原因：

基本电费异常。该企业变压器容量报装过大，加之刚刚投产，实际生产过程中未达到预期的生产产能，导致其用电量偏低，负荷率低下，而按容量计收全部容量基本电费，造成基本电费分摊均价偏高，到户均价直接偏高。

无功补偿不到位。按照功率因数管理办法，容量超过 100 千伏安的工业客户，均应进行功率因数考核。目前，该企业变压器利用率较低，其有功电量偏低，同时无功补偿装置未实现阶梯配置，导致其在用电时不满足无功补偿装置投运条件，无功电量较高，从而导致其功率因数严重不达标，力调考核电费较多，进一步推高到户电价。

实践案例 16

科技开花，电力结果

（国网四川电力内江供电公司）

一、实施背景

近年来，国网四川电力内江供电公司（以下简称内江公司）投入大量人、财、物力，在乡镇开展电力线路建设改造及台区升级工程，乡村居民生产生活用电质量得到飞速提升，为乡村振兴实施提供了强有力的“电力引擎”。在严格落实“五进”要求的同时聚焦“双碳”目标、“双减”政策、乡村振兴等社会热点问题，持续开展“双碳”理念进校园、智慧用能进机关、科学用电进行业、绿色低碳进社区、清洁能源进乡村等服务工作，加快农业农村现代化，促进农业高质高效、乡村宜居宜业、农民富裕富足，为电亮乡村振兴“绿色”之路提高坚强的电力保障服务。

二、先进做法

（一）开展一对一“电保姆”服务

为尽可能地缓解企业转型初期“阵痛”，帮助企业尽快向全电转型投入经营产生效益，内江公司开展专人对转型升级企业开展一对一“电保姆”服务，通过客户经理与企业项目负责人精准对接，掌握客户用电需求，实施跟踪工程进展和项目建设节点，即时解决企业遇到问题和困难，为转型企业提供全程跟踪式“电保姆”服务。

（二）开辟客户办电“绿色通道”

在办电过程中，内江公司为客户办电开辟了全程“绿色通道”，深入推进“阳光业扩”服务，确保办电便利化、资源可视化、信息透明化、服务标准化。利用“网上国网”App“办电 e 助手”功能与客户进行即时沟通，除了受理客户用电咨询外，业务人员对客户进行实时贴心提醒，以及对客户相关步骤推进提供指引帮助。线上程序方便客户在线提交用电申请和竣工报验、在线确认供电方案和验收结果、在线查询服务进程和评价服务质量，也大幅提高了供电企业业扩人员与客户的交互效率。充分利用拍照、电子签名等功能，实现客户资料电子化采录收集，有力保障了高压业务客户“最多跑一次”。

（三）推进乡村电能替代

内江公司坚持政府主导、电网推动、多方参与，协同加快乡村电气化建设，大力推广电厨炊、电采暖等高能效设备应用，服务电制茶、农业大棚、电能替代、全电景区、全电农家乐、全电厨房等建设，有序实施乡村电气化提升工程，引领乡村绿色用能新风尚。

（四）推行“甜城电管家”服务

内江公司深入推进乡镇供电所优化提升两年行动，扎实做好乡镇供电所优化提升“后半篇”文章，全面优化乡村用电营商环境，将“三零、三省”服务落实到乡村。深化“村网共建”驻点服务，全面推进“甜城电管家”入驻乡镇便民服务中心、村党群服务中心，着力提升乡村电力普遍服务水平，切实打通农村地区用电服务“最后一公里”壁垒，让广大群众对“甜城电管家”的服务想得到、看得见，不断满足农村客户用电需求，注重“甜城电管家”服务在群众中建立良好口碑，展现国网良好品牌形象。

（五）坚持党建引领，助推乡村振兴

内江公司以新时代文明实践点为依托，想群众之想、忧群众之忧、应群众之盼，坚持党建引领旗帜领航，认真落实 2021 年 6 月四川省召开的巩固拓展脱贫攻坚成果同乡村振兴有效衔接工作推进会要求，精准发力，稳步推进农村电网现代化，有序实施乡村电气化提升工程，提升选派驻村干部帮扶质效，助力脱贫地区乡村产业升级，持续开展消费帮扶行动，深化人才帮扶和省内援藏工作。擦亮党旗鲜红底色，以党史学习教育为契机，深入推进“我为群众办实事”实践活动，探索和拓展乡村振兴扶助深度广度，组织公司（连心桥）共产党员服务队和“三为”志愿者服务队集中开展“电靓乡村振兴”为民服务活动，增强服务队在群众中的辨识度和影响力，

切实增强人民群众的安全感、获得感和幸福感。

“三为”志愿者服务队上门服务

三、实施成效

全电改造“好处多”。经过“全电”改造后，全电项目相比传统项目具备无明火、低噪音、零污染、安全性高等诸多优点，同时也大幅降低了企业的经营成本。自 2018 年内江公司推进电能替代工作以来，已完成工业领域燃煤（油、气）锅炉窑炉改电项目 9 个、小型商业电能替代项目 23 个，由此增加用电容量约 2 万千伏安。

企业村民“袋子鼓”。以内江市宋镇庄园音乐火锅城项目为例，改全电项目解决了当地 56 人的就业问题，宋镇庄园音乐火锅城名列内江市网络美食排行榜第一名，吸引了内江、自贡、宜宾等各地食客前往“打卡”。“网红经济”带动了该企业迅速发展壮大，助力了双河镇当地小规模经济发展。

网红经济“前途广”。内江公司以宋镇庄园音乐火锅城项目成功转型作为服务乡村振兴的典型经验复制推广，发挥行业优势，切实满足与引领乡村发展用能的多样化、自主性、个性化需求，积极服务乡村电制茶、农业大棚、电能替代、全电景区、全电农家乐、全电厨房等一批乡村振兴项目建设，为乡村振兴提供高质量电力保障。积极指导下辖资中公司结合资中县地域特点科学开展电网规划和布局，不断提高供电可靠性，全力推进乡村全电农家乐、全电景区等项目的建设。因地制宜、因时制宜帮助脱贫群众发展具有一定特色的产业和项目，重点打造鱼溪镇响水滩音乐柴火鸡、水南镇渔耕德苑深沟湾农旅全电景区等乡村“网红经济”项目。两个项目成功实施后，预计将助力解决当地约 70 人的就业问题，村民过上美好生活的愿景指日可期，小规模企业的发展将会越来越好。

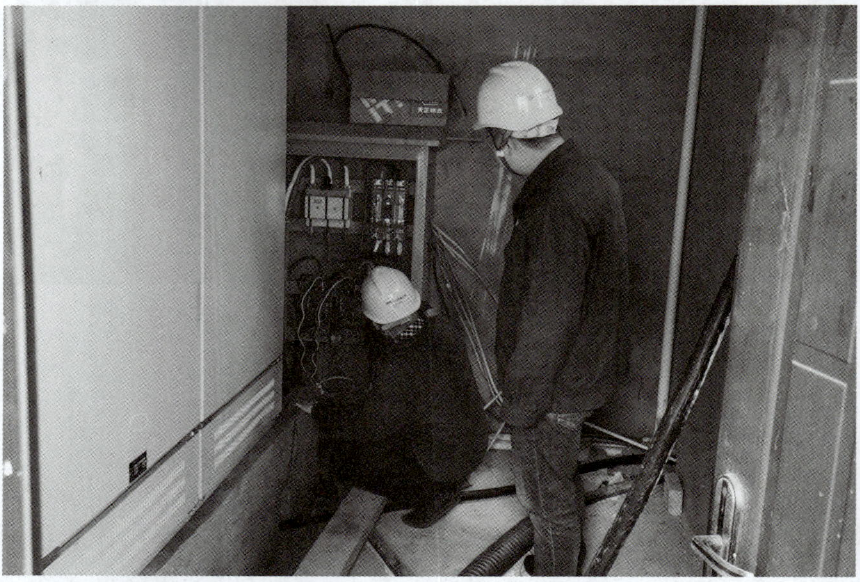

为宋镇庄园音乐火锅城保障供电

实践案例 17

创新驱动供电模式构建，打造红色广安高品质服务

（国网四川电力广安供电公司）

一、实施背景

广安地处山区，农村供电范围广，分布散乱，客户经理管理范围大。随着经济社会的发展，群众的生活水平也不断提升，法治意识不断增强，对电力的可靠性要求越来越高，对供电服务的诉求也与日俱增，国网四川电力广安供电公司（以下简称广安公司）需要加强精准化、专业化的服务。随着广安公司“讲效益”以及“成本意识”的提升，对供电服务效率、供电服务成本也有了更高的要求，为切实做好农村地区供电服务保障是助力乡村振兴的根本保障，广安公司上下深刻认识到了助力乡村振兴战略实施工作的极端重要性和紧迫性，用心当好“电力先行官”、用情搭建“党群连心桥”为农业高质高效、乡村宜居宜业、农民富裕富足贡献力量。

二、先进做法

（一）织密服务一张网

一是完善组织机构，加强日常管理。广安公司成立优质服务领导小组、专项巡察组，定期组织召开领导小组会议、领导小组办公室会议，专项巡察会议，常态化开展明察暗访行风建设和供电服务专项检查，对发现问题举一反三进行治理。二是创新“1+7”工作模式。强化宗旨教育，以政治建设为引领，实施优化营商环境提升、营业窗口服务规范提升、配网突出问题整治提升、电网供电服务保障能力提升、电网高质量建设提升、品牌价值提升、行风督导提升等 7 大专项提升工程。各专业部门齐抓共管、高效协同，常态化闭环管控整治成效，真正建立健全“大服务”的理念。三是建立监督激励机制，重在激励，抓在日常。广安公司印发《供电服务奖

惩实施细则》，编制《供电服务员工行为负面清单手册（100 条）》，广安公司员工严格按照《供电服务员工行为负面清单手册（100 条）》及时纠偏服务行为，严肃查处各项不规范行为。

（二）打造“三心”服务模式

随着乡村振兴战略的实施，农村电网规模不断扩大，农村用电供需矛盾日益凸显，客户对优质电力及服务的需求日益强烈，农村供电服务压力持续增大，为切实解决供电服务诸多问题，广安公司结合地处山区交通不便等实际情况，试点运行“村供电协作员”工作机制，聘请协作员 172 名，切实打通优质供电服务“最后一公里”。

1.“用心”：一村一协作，打通供电服务“最后一公里”

一是建章立制，提升协作员的业务素质。为规范农村供电协作员的服务行为和提升工作质量，确保工作取得实效，广安公司编制《村供电协作员工作手册》，建立季度法治、安全培训机制，有效提升协作员的业务素质；二是明确协作员工作内容和职责，充分发挥农村供电服务的“五大员”作用（信息员、护线员、协调员、宣传员、网协员）。

农村供电协作员培训

农村供电协作员用电安全宣传

2."倾心"：一桥两通道，实现服务零距离

一是"千人家访"畅通线下交流渠道。广安公司开展以县级供电单位主要领导牵头、全体员工参与的"千人家访"活动，根据乡镇行政区域划分，成立由县级供电单位领导带队，各班（所）长为片区负责人的工作组，在对低压用户持续走访的基础上，重点走访大客户、潜在用电客户、光伏发电客户以及"两代表一委员"。按照"走访反馈—整改回访—总结提升"的三级工作机制，有效掌握客户关心的热点、难点问题，并有针对性地进行落实整改，实现服务质量提升。二是"三级微信

广安公司领导走访企业客户

群”畅通线上交流渠道。广安公司组建客户经理与政府人员、大客户、敏感客户的“三级微信群”，宣传最新出台的各类政策、为客户用电建言献策，通过微信群发布用电信息2500余次，解决3000多户供电问题5000余个。“三级微信群”配合客户经理App可实时掌握台区现状，实现诉求20分钟内响应，甚至提前响应。

3.“贴心”：一户一方案，推动服务精细化

一是面向乡镇客户，深入推进“村网共建”。广安公司积极建设乡镇便民中心服务专区和村社党群活动中心驻点，主动进村社为客户提供上门服务，帮助客户通过“网上国网”App办理业务、缴纳电费，全面打造“线上服务入户，代收服务进村进社区”服务新模式。二是面向低压客户，落实网格化管理。定期开展辖区内低压客户网格化服务的现场督查，对客户经理制落实情况，客户经理业务能力、服务态度，客户经理的满意度等方面进行重点检查。检查组通过走访客户、巡视变压器和低压线路、模拟事故报修等方式，明察暗访客户经理的网格化综合服务情况。对检查中发现的问题，检查组形成书面的通报责令各供电所立即整改。通过检查组现场督查和挂网通报的形式落实“台区网格化管理”。三是面向交叉供区客户，推动信息协作共享。与相邻地方电力企业建立互通机制，发现线路等设备隐患第一时间相互通知，及时处理各项隐患故障。特别是在与地方电力公司供区交界处以及交叉供电区域的部分客户对于自己的供电公司并不清楚，存在错拨故障保修电话等情况，针对这种情况，双方做到信息共享。四是面向弱势群体客户，提供志愿服务。

员工在留守儿童之家宣传安全用电知识

广安公司在辖区内成立“川电留守学生之家”，并组织“爱心连萲”青年志愿队伍常态化开展“留守儿童之家”调研，及时掌握留守儿童思想状态、家庭情况和知识需求，根据不同“留守之家”的实际情况，组织开展“爱心宣传、爱心陪伴、爱心服务”等志愿服务。

（三）建立“加减”服务方针

广安公司实行服务做加法、办电做减法，内外协调提升供电服务水平。

1. 党建融合做加法，基层负担做减法

广安公司本部与基层实施“党建+优质服务”结对共建，共建党员责任区、示范岗 53 个，评选“四无四带头”先锋党员 23 名，从精益管理、分区构制、信息融合、创新创效、专业送教等方面优化营销全业务服务流程，减轻基层业务办理人工成本过高、流程过繁、智能化运用水平较低、业务装备基础较薄弱等负担。

2. 线上办电做加法、线下业扩做减法

积极推广“网上国网”App、“国网四川电力”微信公众号等线上办电方式，利用“互联网+”线上办电、绿色用能及农电综合服务等功能，系统集成现场作业信息、供电所业务能效、数据报表管理等业务，让数据多跑路、群众少跑腿。

3. 业务技能做加法，流程办理做减法

积极组织员工参加各类技能比武，以赛代练、以考促学。优化工作流程，出台“市场化交易全流程对接”“川渝新区政策融合服务”等 6 项措施，重点推进智能业扩功能应用，办电服务全过程质效评价，电力交易效率提升、供电服务领域问题常态治理等工作。

三、实施成效

（一）客户电力获得感显著提升

广安公司已派员入驻 94 个乡镇便民服务中心、816 个村社（居委会），入驻率 100%，累计开展走访活动 2.9 万人次，受理用电申请 3000 余户，开展业务咨询 6000 余人次，为困难客户代充电费 1.8 万余次，解决客户反映问题近 1000 个，切实践行了“人民电业为人民”的企业宗旨。

1.“千人家访”活动成效显著

广安公司累计走访 7.5 万余户，共发放 3.9 万余份宣传资料和 2.1 万余份客户满意度调查问卷。在走访调研的过程中，解决低压客户用电问题 500 多个，处理了近 900 处安全隐患。走访了大工业用户 209 户，成功推广实施了四川某复合材料有限公司电能替代项目。目前 1 座 35 千伏电压等级、4 万千伏安的变电站已修建完成，将为供区内公司提供生产用电，实现电能替代后，供区内某公司至少节约 50% 能源成本。群众普遍对广安公司的工作表示支持与肯定，供电服务满意度达到 98% 以上。

客户经理走访用户

2. 供电协作机制硕果累累

农村供电协作员配合客户经理开展精准、个性化供电服务，积极解决和反馈农村电力客户的各类用电诉求，为信息不畅通的农村客户提供“面对面”的信息交流。上门宣传“低保户”客户 15 度电的优惠政策，并协助“低保户”客户办理登记，持续提升低保、五保户执行率。累计协助客户注册绑定“网上国网”2 万余户、充值近 2 万笔，收集客户用电需求 130 起，一次性解决 97 起、制定整改计划 33 起。实现了试点村（社）供电服务“零投诉”，供电服务取得从“被动要求”向“主动上门”跨越式转变。

（二）切实增强社会履责能力

1. 优化电力营商环境

与2020年相比，2021年广安公司高压业务平均接电时间从31.2天降低到25.4天，在供电方案答复、设计审查、中间检查、竣工验收和装表接电等环节时间均成功压降；线上办电率从90.1%提升到了99.74%，真正实现了低压客户“一次都不跑”、高压客户“最多跑一次”，广安地区电力营商环境得到优化，推动当地社会经济的和谐发展。

2. 涉电宣传成效显著

客户经理及农村供电协作员通过村级广播、发放资料、张贴海报等方式，开展电力政策法规、电费电价、电能替代、安全用电等群众关注的涉电信息宣传，重点宣传防钓鱼触电、电力设施保护等方面的内容，有效减少电力设施外力破坏和有责触电人身伤亡事件的发生，营造良好的农村用电环境。

3. 彰显央企社会担当

广安公司充分利用春耕春灌、学雷锋日、“六一”儿童节、开学第一课等契机，走进辖区内各“川电留守学生之家”，为孩子们送上各类体育及文具用品，张贴各类安全用电宣传海报，发放安全用电宣传漫画册，自主开发制作安全用电知识宣传课程，服务留守儿童2100余人次，用实际行动彰显广安公司的社会责任和担当。

四、典型案例

推动服务数字化转型。广安公司与市政务平台的“一网通办”便民行动实现功能升级，客户买卖不动产之后再也不用政、企多头跑，一站式联动办理各类手续成为现实。

为进一步向群众提供“三零”“三省”的数字化电力服务，2021年5月以来，广安公司主动对接广安市发改委、不动产中心、大数据中心等政府部门，积极筹划共同商讨政企联动过户项目方案，新增与广安房产管理系统对接的通道，实现房屋信息、房产证扫描件、身份证扫描件等信息的数据共享。2021年8月底，电力营销系统和房产管理系统对接通道成功打通，2021年9月初正式办理联合过户业务。

“房电”联动过户是客户在进行不动产买卖或登记时，用电信息由不动产登记机构，推送至供电企业。供电企业工作平台自动生成用电过户业务工单，电力员工主动上门服务，完成过户手续。这种保姆式办电模式，让市民在办理房产过户手续后，无须再到电力服务大厅，真正享受“多件事一次办”的便捷，实现用电过户业务“一次都不跑”，从根本上解决困扰群众的“来回跑”“多头跑”的难题，优化办事效率和营商环境。

实施“房电”联动过户，是广安公司主动融入智慧城市建设和数字化转型成果。2020 年广安二手房申请电表过户超过 5000 件。实现联动过户后，日均可减少 10 人次以上的往返，减少人员流动，为新冠肺炎疫情常态化防控提供有效帮助，也兑现了为民办实事的承诺。

广安公司全面加快服务升级，依托“阳光业扩”服务模式，积极构建跨行业“最多跑一趟”，电力业务“一趟不用跑”，有效提升客户“获得电力”感知度、便利度和获得感。

实践案例 18

创新服务，提升客户“获得电力感”

（国网四川电力遂宁供电公司）

一、实施背景

随着国网四川电力遂宁供电公司（以下简称遂宁公司）服务模式和营业模式的发展变化，三全建设和智能营销的深入推进，遂宁公司线上服务不断提速，服务渠道更加多元。为拓展“互联网+”供电服务渠道，强化客户粘度，提升客户感知，促进服务模式由“坐收”向“主动服务”转变，强化线上渠道支撑，加大线上办电渠道宣传，切实完成“网上国网”App 年度宣传推广目标，按照“客户体验至上、线上线下协同、内部外部共推、目标结果导向”的工作原则，在遂宁公司经营范围内全面推广“网上国网”App，持续提高客户注册绑定率和使用率，精准推广“网上国网”App，进一步方便客户办电缴费，提升客户体验，实现遂宁公司供电服务竞争能力和优质服务水平的提升。

二、先进做法

（一）利用“三入驻”活动推广

遂宁公司深入贯彻党中央乡村振兴战略决策，全面落实《国网四川省电力公司关于做好乡镇供电所优化提升“后半篇”文章的通知》（川电农电〔2020〕14 号）文件精神，聚集群众便民服务需求，强化乡村供电服务能力建设，大力实施“三入驻”活动，延伸营业厅服务功能，同时，遂宁公司在蓬溪县公司开展“村网共建”试点，以“三入驻”活动开展和“村网共建”试点实施为契机，政企协作，让客户更集中，让推广更具“公信力”，在网协员的帮助下，实现持续提升客户服务感知和更高效地推广“网上国网”App 的“双赢”局面。

（二）“网上国网”走进“两会”现场

辖区农村用电客户分布情况体现为：外出务工人员较多，居家客户偏向老龄化，且分布较分散，工作人员逐户推广有一定困难。同时，很多客户由于对“网上国网”App不够了解，对供电公司引导其下载新软件比较抵触，工作人员在推广过程中有一定难度，推广质效不高。为解决向农村用电客户推广较难，且部分客户不愿了解、使用“网上国网”App的问题，遂宁公司以遂宁市“两会”为契机，主动将服务窗口前移，向前来参会的750余位人大代表和政协委员会宣传推广“网上国网”App，通过现场演示安装方法和操作流程，手把手地教代表们通过“网上国网”App进行缴费、查询电费电量、更名过户、故障抢修等相关办电业务，并请他们在日常工作、生活中带动其他客户下载使用“网上国网”App，提高此软件在全市的普及率，更好地服务广大电力客户。

（三）使用“网上国网”配合县统计局进行人口普查

为配合国家统计局完成第七次全国人口普查工作，国家电网有限公司完成了网上国网“e普查”人口普查辅助工具的建设，统计局依托“网上国网”App与电力大数据专业优势，由供电公司辅助经营区域内普查人员开展入户调查，利用“网上国网”App获取住户用电情况提示，通过电力大数据筛选无人户，提高普查工作效率。遂宁公司主动与县统计局对接，现场为普查指导员提供“网上国网”App的下载、注册、登陆、身份认证等功能普及服务，通过现场操作、视频观看等方式重点讲解了“e普查”的操作流程及使用过程中的注意事项。在场的普查指导员在了解功能后，纷纷表示网上国网“e普查”上的居民用电颜色码变动能及时反映客户家中是否长时间无人，针对无人户将无须重复往返，大大提高普查效率。同时，营销部向统计局的工作人员讲解了“网上国网”App的充值、查询、办电等其他功能，借助人口普查工作，扩大“网上国网”App影响。

（四）“网上国网”进校园

遂宁公司将安全用电进校园与“网上国网”推广有机结合，联系经营范围内中学校方，由遂宁公司工作人员在校园课堂上讲解安全用电及宣传“网上国网”，发放宣传单，号召同学们教会自己家长使用。在学校家长会上由校方在班级家长会上发放宣传手册，同时在学校周围设立宣传点，主动向接学生的家长派发宣传手册，手把手教会家长们安装使用。

（五）创新服务模式，提升“电力获得感”

遂宁公司优化调整营业厅，“电力获得感”不降反升，归功于遂宁公司始终坚持“前端做减法、后端做加法”的工作原则，持续开展“互联网+营销服务”，实现一体化线上服务新模式。为方便增值税客户开票、取票，在营业厅营业班特建立增值税客户微信群，实现大客户的预约开票、预定取票及现场送票，积极拓展增值服务内容和深度。建立 73 个增值税客户微信群，及时发布客户关心的用电新政策，24 小时解答客户诉求，妥善处理客户反映的问题，客户“电力获得感”持续提升。

三、实施成效

（一）“台区经理+网格化”，助理投诉压降

遂宁公司实施台区客户经理网格化服务工作以来，全面构建实施“服务半径小、业务功能全、响应速度快、客户评价优的“小全快优”的“台区经理+网格化”的供电服务模式，以“互联网+”信息技术为支撑，提升停电事件快速反应、过程闭环管控和主动抢修服务能力，实现客户用电需求与内部业务无缝衔接，投诉压降成效显著。2020 年，遂宁公司投诉量同比下降 22.02%，投诉量全省最少。截至 2021 年 10 月，遂宁公司投诉量已同比下降 65.75%。

（二）多措并举，“网上国网”推广见成效

遂宁公司开展形式多样的“网上国网”推广活动，达到线上线下协同、内部外部共推的效果，针对不同的客户能够提供不同的服务功能，实现不同客户的多元需求，将营销对外服务加快从线下向线上转变，真正实现让客户在家就能使用各项办电功能，让广大客户“享受指尖上的数字化便捷服务”，提高了“网上国网”App 的注册、绑定、线上缴费率以及线上办电率。截至 2021 年 10 月，遂宁公司新增“网上国网”App 注册用户数 8.38 万户，线上办电率达 98.09%。

四、典型案例

（一）利用“8 小时”以外推广

为全面提高“网上国网”App 知晓度和使用率。要求各供电所台区经理主动联系村社，组织台区经理进村入社集中宣传线上办电渠道，大力推广“网上国网”App。针对农村供电所的特殊性，分析农村人员多数白天外出干活，18 点才回家的生活习惯，制定推广计划，迎峰度夏期间集中人员，每周每天 18 点到 21 点分别进入不同村社，走家串户进行“网上国网”App 的宣传，教会客户操作使用“网上国网”App 进行线上缴费。根据县城区客户作息时间特点，在小区摆摊设点，发放宣传资料送礼品。吸引买菜回家、送学生回家、健完身的居民们前来了解，现场客户对“网上国网”App 每月的缴费立减、分享领积分、兑换电费功能尤其感兴趣。工作人员现场打开客户端，演示各项功能，并逐一解答疑问，分享二维码。通过面对面教授客户“网上国网”App 的操作使用，让客户能够及时了解此软件的用电情况、在线缴费、用电查询等服务功能，使得客户享受“足不出户”就能办理相关业务，真正让群众享受“指尖上的电力服务”。通过供电服务人员进社区、进公司、进厂区等多种方式加快“网上国网”App 的宣传，优化客户体验，让客户享受舒适便捷的用电环境。

（二）主动服务上门“把脉问诊”，大客户设备“健康”有保障

2021 年 10 月 13 日，射洪城北客户服务中心大客户经理接到四川某锂业公司工作人员咨询。四川某锂业公司是国内最大的锂电新能源核心材料供应商，是四川省重点培育的“战略性新兴产业骨干企业”，该企业在射洪基地设计年产能逾 1.7 万吨，是射洪的龙头企业之一。据该公司负责人反应，遇雷暴雨天气时，容易因电压波动造成设备保护跳闸停电，严重影响正常生产运行。

大客户经理立即咨询相关专业部门，并由遂宁公司营销部牵头，协同调控、运检、城北客户服务中心等专业人员主动到锂业公司，针对厂区用电设备雷雨天气保护跳闸问题，现场“把脉问诊”，帮助大客户解决用电问题。遂宁公司联合组现场仔细询问故障现象、时间节点，针对某一时段可能导致变频设备失压保护停电的多

种原因进行分析，建议客户就同行业同规模的公司用电设备进行对比，查找原因。2021 年 10 月 20 日遂宁公司联合组再次上门，就客户了解的同类设备运行情况提出聘请专业机构设计安装二次避雷装置等有效建议。

在未来的工作中，遂宁公司将密切关注该公司专线用电情况，加强沟通联系，配合客户做好站端设备维护，优化电力营商环境，确保提升客户用电体验。

实践案例 19

“好邻居”——老百姓身边的电管家

（国网四川电力资阳供电公司）

一、实施背景

供电企业作为服务国计民生的基础产业与公用事业，联系民生最紧密，服务群众最直接，是服务保障民生的重要力量。国网四川电力资阳供电公司（以下简称资阳公司）聚焦当前供电服务过程中痛点、难点，如城区老旧小区众多，空巢老人、留守儿童问题突出，用电设施老化破损、营业网点距离较远、新型业务办理方式（手机 App、微信公众号）使用困难等问题，着力整合社区和资阳公司资源，通过全面社会责任管理的方式，结合小区居民用电需求，由居住在各小区的电力员工担任电管家，利用小区物业微信群，及时响应客户各类用电诉求，及时发布停电信息、抢修进程，做老百姓身边的“好邻居”，构建和谐小区用电环境。

二、先进做法

（一）整合多方力量，搭建履责平台

针对老年群众服务盲区、老旧小区服务痛点和台区经理人手不足的短板问题，资阳公司成立“好邻居”供电服务志愿队，189 名电力员工成为“好邻居”志愿者，主动在其居住小区公布联系方式，利用工余闲暇时间，通过线上线下多种途径开展安全用电、电能替代、“网上国网”App 推广介绍、停电信息告知宣传等便民服务，义务帮助居民解决各类用电问题，及时响应居民办电诉求，前置供电服务节点。开展线上问卷调查，广泛了解客户、物业、社区各方需求，定期召开利益相关方座谈会，充分整合利益相关方资源，搭建起集合“红细胞”公益战略联盟、社区治理、小区物管等多方合作平台，充分联结资源优势和智慧力量，更好地解决小区居民的用电困难和诉求。

（二）深化党建引领，加强融合创新

以党支部为单位，组织所属“好邻居”志愿者及时响应小区居民用电诉求，9个党支部分片区挂联督导，通过内部协同帮助居民解决用电问题，关爱空巢老人、留守儿童、残障人士等特殊人群。9个党支部在挂联小区轮流设立“好邻居”便民服务站，指导居民网上办电、宣传安全用电常识、开展安全用电隐患排查，将为民服务延伸至客户家中。

（三）加强专业培训，提供坚强支撑

资阳公司组织编写并印发《“好邻居”供电服务锦囊手册》，为“好邻居”志愿者提供服务过程中的智力支持，将电费电价、业务流程、网上办电操作步骤纳入手册，以便“好邻居”志愿者及时精准回复客户各类咨询。同时资阳公司举办“好邻居”供电服务风险防范、新闻舆情应急处置专题培训，提高“好邻居”志愿者的风险防范意识与应急处置能力。

（四）大数据智能分析，服务风险主动预警

基于大数据处理环境，融合生产、调度、运维、营销等业务系统对电网生产运行中各业务应用所产生的历史/准实时数据、各类设备基础台账数据进行存储、整合、共享和分析，实现配网运行特征动态研判，配变重过载、低电压、三相不平衡主动预警，辅助运维人员发起主动运维工单，有效降低配网故障的发生，提升配网供电可靠率和电压合格率。依托供电服务指挥系统和台区客户经理云平台，对95598工单办理、用电业务办理、电费缴纳方式进行在线监控，有针对性帮助小区居民使用“网上国网”App、微信公众号快捷缴费、便捷办电。

（五）建立协同机制，推进诉求闭环管控

建立分级协同派单机制，实现居民涉电诉求流转顺畅、真实可查，打造诉求感知“强前端”，科学分派“大后台”。小区居民通过“好邻居”志愿者发起诉求后，“好邻居”志愿者能处理的立即闭环处理，不能处理的转送资阳公司供电服务指挥班，以工单形式分派到相关业务部门、基层班组受理。设立“好邻居”志愿服务管控柔性团队，建立“好邻居”志愿服务工作台账，督促相关部门及班组

闭环处理，实行问题100%回访机制，确保小区居民诉求统一调度、精准到人、闭环管控。同时小区居民可随时通过业主微信群、电话等方式联系“好邻居”志愿者，反馈当前情况，更新诉求内容。对影响居民服务体验的“好邻居”志愿者，小区居民可通过对外公示的服务监督电话进行反映，实时监督前端“好邻居”志愿者的言行。

三、实施成效

（一）数据彰显服务水平持续提升

居民小区的供电服务问题得到及时解决、有效管控，资阳公司城区万户投诉量较去年同期减少1.17件/万户，投诉工单量较去年同期下降70.37%，95598业务处理满意率同比提升0.24个百分点。

（二）多方参与全方位履行社会责任

资阳公司189名员工主动报名成为“好邻居”供电服务志愿者，为雁江区城区111个小区提供零距离供电服务，影响带动社会热心人士29人参加“好邻居”志愿服务。由“好邻居”组织发起，包括地方其他央企、国企、社区、物管参加现场服务活动11次，参与405人次，设立9个“好邻居”便民服务站。“好邻居”服务对象突破10万人次、受益对象超过2万人次，推进了美好家园、“红细胞”有爱城市建设，收到良好的社会反响。

（三）持续深化不断营造良好用电氛围

资阳公司通过多方参与，高度整合相关社会资源，形成居委会、物业管理、业主委员会联动，搭建起供电、供水、供气、通信等服务机构和志愿者广泛参与的新型用电环境。“好邻居”志愿服务队改进工作流程4项，优化工作节点7个，发掘典型案例3个，总结提炼的相关经验为同类型问题提供借鉴和参考，大幅提升了工作效率，获得2021年4月1日《国家电网报》1版报道推广，在《中国电业》《中国电力企业管理》《亮报》、“电网头条”微信公众号等媒体广泛报道。

四、典型案例

（一）老大爷打来求助电话，“好邻居”上门排忧解难

“电力公司吗？我是一个老年人，年纪大了，走路不方便，找不到你们的营业厅交电费……”2021 年 6 月 25 日上午，资阳公司雁江区公司供电服务指挥班值班员赵洁接到一通客户来电。

来电的老大爷名叫刘凤金，今年 85 岁，老伴 83 岁，家住雁江区晨风佳苑小区，因脑梗塞腿脚不便。老两口有两个孩子，一个也因脑梗塞在住院，另一个远在外地。刘大爷以前在小区交电费，2021 年 5 月晨风佳苑小区完成了智能电表改造，小区居民可以在网上购电了，但刘大爷的老年手机不能在网上交电费，这可把他急坏了，赶紧拨打了供电公司应急抢修电话。赵洁将这通求助电话接办为特殊服务工单，第一时间告知资阳公司雁江区公司“好邻居”志愿服务队负责人。“好邻居”志愿者李佳铭正好住在晨风佳苑小区附近，了解到刘大爷的情况后，她自告奋勇领取了这个特殊服务任务，马上联系供电服务班员工来燕赶到刘大爷家。李佳铭和来燕帮刘大爷充入 1000 元电费，为他详细讲解智能电表和“网上国网”客户端的使用方法、家中安全用电知识。为了建立长期跟踪服务机制，李佳铭还给刘大爷留下了她的个人联系电话，方便今后上门服务。“好邻居”志愿者离开刘大爷家时，刘大爷连连道谢：“给你们添麻烦啦！谢谢你们！”

（二）老人舍不得电费，“好邻居”送上省电手册

“谢谢你们！你们真是想得太周到了！”2021 年 7 月 12 日，王帮松推着眼镜，拿着“好邻居”供电服务知识手册看了又看，向资阳公司雁江区公司“好邻居”志愿者道谢。

王帮松是一位 80 多岁的老人，家住雁江区正兴街老检察院小区。7 月 11 日，“好邻居”志愿者戴勇到正兴街办事，遇见老人汗流浃背地在院坝里摇着蒲扇乘凉，招呼道：“王大爷，您怎么不在家里吹空调啊？”老人说：“空调耗电，用了要多交电费，现在没太阳了，我出来吹吹风。”王帮松是过惯苦日子的人，生活很俭朴，他体谅儿孙挣钱不容易，想为后辈省些电费。天气热有中暑的危险，老人年纪大了，

腿脚不便，戴勇担心，老人为了省电费影响身体健康。7 月 12 日，戴勇下班后，约上志愿者曾友军、来燕为老人送来一本“好邻居”供电服务知识手册，并详细讲解电价政策。戴勇介绍，按照统一的丰枯峰谷电价标准，6 月到 10 月期间，当天 23：00 点到第二天 7 点执行丰水期谷段电价，每度电不到两毛钱，智能电表的液晶屏上也能看到各个时间段的电价。戴勇说：“王大爷，您可以放心大胆地吹一个晚上的空调，花不了多少电费的。”得知入睡后的电价便宜，王帮松高兴得笑了，他小心翼翼地将小册子揣进口袋。曾友军、来燕向王帮松的孙子介绍了“网上国网”使用方式、安全用电常识，叮嘱他照顾好爷爷的身体，注意爷爷的用电安全。

实践案例 20

多措并举，全力提升服务质效

（国网四川电力自贡供电公司）

一、实施背景

国网四川电力自贡供电公司（以下简称自贡公司）2020 年迎峰度夏期间受极端天气、洪峰过境、降温负荷增加等因素影响，投诉量井喷式的增长，尤其是 8 月，同比增加了 243.10%，直接导致自贡公司当年投诉量同比上升 33.44%，供电服务合规率跌至 91.95%，优质服务水平业绩指标排名全省倒数第 7 位。

按照国网四川电力 2021 年营销服务工作的总体思路，要着力于总结固化营业厅优化经验、加快服务线上化变革、强化服务精准管控、加强服务队伍建设等四个领域，不断提高服务品质和服务效率。自贡公司提前谋划，查漏补缺，通过建章立制、有效培训、加强协作、精准服务、管控纠偏等工作部署，深化分级管控，层层落实，逐步扭转了被动的服务局面。

二、先进做法

（一）建章立制，各专业齐抓共管出台方案

为加强供电服务监督管控力度，深化专业负责、分级管控、层层落实、齐抓共管的长效机制，年初营销部牵头，组织运检部、建设部、调控中心和供服中心共同商议后，草拟了《国网自贡供电公司投诉压降专项工作实施方案》，经报请领导小组审批后，在全公司发布。方案包含投诉压降工作的职责划分、压降工作的具体措施、2021 年自贡公司总体压降的确保目标和力争目标值、各县公司及涉及单位的分解目标值，以及评价与考核条款。运检部为扭转 2020 年运检类投诉同比增长 43.28%的被动局面，也相继制定发布了《国网自贡供电公司运检投诉专项考核实施细则》以加大对运检投诉的管控力度。自贡公司将各相关单位是否发生供电服务质

量事件和是否完成投诉压降目标任务列入考核事项放入《国网自贡供电公司关于进一步强化考核激励的实施方案》中予以考核。

（二）有效培训，提升业务技能和服务意识

营销部利用各种培训形式，不断提升基层一线员工的业务技能和服务意识。一是利用碎片时间不断巩固知识。营销部印制大量的《客户经理口袋书》，分发至一线所有涉及为客户服务的工作人员，便于大家随身携带，及时查阅规范。不定期地编制典型投诉案例，要求各供电单位发放至工作群中进行学习。二是开班培训提升操作技能。营销部在迎峰度夏到来之前，组织一线营销、生产、业务管控人员以及供电所人员开展供电服务技术培训，重点教授大家规则解读、投诉判定标准、典型案例分析、重要事项报备、停送电信息发布等内容，帮助大家增强业务技能的同时，明确服务“红线”的边界。通过培训后，自贡公司重要事项报备成功率显著上升，截至目前已成功降级 52 笔投诉工单。三是加强业务外包人员的培训。由于用工制度的转变，营业厅业务大都已经进行了业务外包，但是劳务公司的工作人员业务培训大多不足。营销部年初组织营业厅所有人员进行了应知应会普考，并将考试成绩提供给劳务公司兑现奖惩，借此督促营业厅服务人员不断提升业务技能和服务意识。四是比学赶帮树立服务标杆。4 月初，在接到国网四川电力开展第八届“供电服务之星”劳动竞赛的预通知后，自贡公司营销部就组织开展了选拔赛。自贡公司比照上届竞赛规则，选出综合成绩靠前的四位优秀选手，通过半个月的封闭集训，四位选手在第八届“供电服务之星”劳动竞赛中都取得了不错的成绩。其中自贡公司一名选手荣获十佳供电“服务之星”称号，其笔试成绩在 107 位选手中位列第一位，得到国网四川电力营销部领导点名表扬。

（三）加强协作，助力打通末端“最后一公里”

继续实施“党建+营销服务”工作，结合支部领办重点项目，大力推进线上办电服务。安排落实客户经理定期拜访高压客户，介绍最新的用电政策，引导客户体验线上办电缴费。低压客户由营销科长与供电所长牵头负责，逐户引导客户安装使用线上服务。结合乡镇供电所优化提升“后半篇”文章的工作部署，建立政电末端融合服务机制，拓展服务方式，延伸服务工作，组织开展镇、村级驻点服务。持续提高电力客户的“获得感”和“满意度”。

（四）精准服务，为各类客户提供量身定制服务

对容易接受新鲜事物的年轻群体，自贡公司制作了《都是资格“耙耳朵”，为啥海洋那么有钱呐？》等宣传“网上国网”App 的短视频，在微信朋友圈、微博等渠道进行宣传推广，该短视频还得到国网四川电力微博采用发布。通过线上线下多渠道宣传，小礼品和“充电狂欢日”等活动，吸引年轻群体注册使用“网上国网”App 享用线上供电服务。对于使用线上服务较为困难的老年群体，自贡公司充分保障了客户多种的缴费方式选择，除营业厅、ATM 机、第三方代收机构以外，供电服务人员还上门发放“连心卡”，建立畅通高效的本地沟通渠道，便于第一时间回应老年客户的业务咨询解决用电难题。对于企业用户，自贡公司积极探索服务内容、服务主体和服务效果，从 2018 年 10 月开始开展“电参谋”专项行动。通过开展客户大数据分析，提供“一园一策、一企一策、一项目一策”用电建议和优化方案，指导企业科学用电。

（五）管控纠偏，奖惩分明保目标任务完成

一是按月通报分析，专题报告解读。每月发布运营服务情况分析报告、投诉分析报告、政务热线办理通报。逢春节期间、迎峰度夏期间、新中国成立 70 周年等重要时段，出具供电服务专题分析报告。通报服务情况，分析典型问题，解读政策规则，部署工作重点。二是建立问题台账，逐一销号闭环。每月专项督办“漠视侵害群众利益”专项治理工作，建立问题台账，开展集中分析整治，多部门协作助力问题销号闭环。三是定期组织召开供电服务深化运营协调会。组织相关业务部门及基层供电单位，共同分析当月供电服务所存在的问题，跨专业协调指导基层单位逐渐改善弱项指标。四是对典型投诉案例，按季进行通报。由业务主管部门按季筛选典型投诉案例，营销部牵头制作“供电服务曝光台”通报视频，在公司早会上予以通报。同时在会后，通报视频会挂网要求各供电单位相关科室、班组以及供电所组织学习讨论。五是明确工作导向，严格兑现奖惩。营销部对供电服务工作开展情况开展月度重点工作任务考核；运检部对运检投诉开展月度考核；自贡公司开展月度县级企业综合能力提升工作评测通报、季度基层单位绩效考核、年度总经理特别奖等渠道，对重点工作完成情况按月、按季进行通报兑现奖惩。

三、实施成效

自贡公司投诉量同比下降76.92%，业务办理回访满意率持续保持在98%以上。自贡市政务服务和数字管理局多次将自贡公司作为办件质量和效能最优的正面典型在通报中予以表扬，工单办件满意率长期保持在100%。

四、典型案例

（一）推进“一体化”服务　打通“最后一公里”

2021年8月6日9点，在荣县双石镇品山村党群服务中心，自贡公司双石供电所员工杨洪剑检查完墙上张贴的服务公示后，开始了今天的驻点服务工作。“我是你们的台区经理，每周五上午都在这儿为大家服务，你们有任何用电方面的问题都可以来找我。如果遇到突发情况，就拨打公示上的联系电话，我会及时赶到现场处理。”杨洪剑向村民介绍道。

“之前我家里的漏电保护器经常跳闸，特别是在用抽水泵抽水和用充氧泵给鱼塘充氧的时候，总是跳闸。我给你反映了这个情况后，供电所马上赶过来检查故障。发现是抽水泵的绝缘老化，漏电保护器也有问题。在你的帮助下，问题很快得到解决，我家的用电又恢复正常了，真是太感谢了！”品山村9组代金平在家里用电问题得到解决后，高兴地对杨洪剑说道。9月以来，杨洪剑已经协助客户充缴电费50余次、受理故障报修30余次和零星新装用电业务。

据悉，在乡镇供电所关闭营业厅后，针对农村地区地理位置偏远、留守老人和儿童较多、智能手机应用不普及等问题，自贡公司为解决客户缴费、报修等用电难题，探索服务新模式，积极推进村网共建，将营业厅的服务功能延伸到各级便民服务中心，实现乡镇有人、村（社区）有点，满足广大农村客户的用电需求。

截至目前，自贡公司已全面完成“村网共建”驻点服务工作，入驻乡镇社区便民中心84个、村社党群服务中心902个，将优质服务延伸到农网末端，确保服务更靠前、更便捷、更高效。

（二）政企融合 “一站式”办理高效便捷

2021 年 7 月 30 日，自贡市沿滩区卫坪镇龙湖远达社区居民陈笑松在市政务服务中心不动产登记窗口，通过不动产联动过户系统，一次性完成了电力过户。这是 6 月下旬系统开通以来，在自贡市客户自助办理的第一笔房产、电力联动过户的案例。

“在不动产联动过户系统投入使用前，自贡公司已在自贡市、大安区、富顺县、荣县等市县两级 4 个政务服务中心设置了电力服务联办窗口，平均每月可受理涉电业务 600 多笔。为了进一步优化服务模式、提升服务品质，把为群众办实事落实到具体工作中，自贡公司与自贡市政数局及政务服务中心深度合作，推出了不动产—电力联动过户系统，让客户只需一站就能同步完成房产过户和电力过户业务，省时又省心。”自贡公司营销部副主任曹泽平介绍说。

不动产联动过户是对市政务中心电力服务联办窗口的一次升级，客户在不动产登记窗口就可选择是否联动办理电力过户，免去多个窗口往返办理业务的麻烦。10 月以来，自贡公司加强政务大厅业务人员与不动产前台工作人员的协调配合，全面推广“房产+用电”联动过户，已成功受理了 28 笔业务。

实践案例 21

革命老区（山区）供电服务模式新探索

（国网四川电力巴中供电公司）

一、实施背景

为认真落实国网四川电力“12333”发展战略和“十讲十增强”总体要求，大力弘扬“服务至上、践诺为先、全员参与、重奖重罚”服务理念，推动公司整体服务模式变革升级和服务水平持续提升。国网四川电力巴中供电公司（以下简称巴中公司）坚持以客户为中心、以客户需求为导向，对内全面提升末端管理能力，对外多措并举推动供电服务水平再上新台阶，深化“互联网+”运用，构建“主动、智能、精准、开放”的现代供电服务体系，着力实现由“优质服务”向“卓越服务”转变，持续提升服务品质，不断增强人民群众的电力“获得感”。

二、先进做法

巴中公司聚焦调研时发现的供电服务痛点、难点问题，以“业务协同运转、人员一专多能、服务一次到位”为导向，创新应用“互联网+”、大数据等新兴技术，利用智能化供电服务管理方式，大力推动供电服务转型升级，推进基层优质服务能力大幅提升，客户满意度显著提高，全面促进企业经营管理水平和效率效益再上新台阶。

（一）建章立制，构建服务管理新格局

优化管理职责。巴中公司成立优质服务工作领导小组，形成主要领导亲自抓，分管领导具体抓，基层单位重落实的良好局面。坚持“营销牵头，专业负责”“服务问题源头管控”，树立“管业务必须管服务”的工作理念。优化管控机构。重塑管控模式与层级，形成“大后台+强前端”管控模式。供电服务指挥中心作为大后台，支撑服务工作管理，负责工单全过程管控，夯实服务过程管控基础。营销部作

为服务前端，履行统筹、管理、考核职责。配置专职书记。负责投诉压降具体业务工作。供服中心全力支撑，负责投诉工单过程管理、意见工单过程管理、知识库管理、市长热线接派单等工作。营销部主要负责分析统计、投诉现场调查等工作，从2017 年开始，每笔营销类投诉巴中公司营销部都会派人赴现场调查，了解事件真实情况。部门间协同联动。运检部独立设置投诉管控专责，负责典型运检投诉的现场调查，每笔投诉分析、回单等工作。其他投诉实行专业负责制，由本专业人员自行负责调查、回单等工作。

（二）措施得力，打造精准服务新方式

大数据智慧分析。以问题为导向，建立服务管控大数据分析系统，用主动、智能、精准的服务提升客户满意度，打造智慧营销。将投诉电话拨打地址和问题“图谱化”，分类别展示各供电所工单详细情况，并根据客户地址生成热力分析地图，便于各供电所因地制宜地开展补强行动，实施差异化主动服务。

敏感客户精准分析。以近三年客户投诉数据为基础，研究分析客户拨打习惯，建立敏感客户台账，抽调部分综合水平高的人员担任此类客户的专职台区经理，强化走访沟通和信息传递，停电风险超前分析管控。根据停电台区（线路）与区域投诉情况计算“投停比”，形成简单易懂的风险告警图。根据停电信息，调取涉及的敏感客户，安排专人走访沟通，超前化解服务风险。在供电服务微信群定期发布重复停电预警，对近两月内停电次数已达 2 次及以上的线路或台区，不纳入下月停电计划。针对区域、线路、台区分层分级预警，形成专业联动、客户实时获取资讯的智慧营销体系。

主动报备，规避投诉风险。全面启动重要服务事项报备，吃透政策、量化指标、主动对接政府部门，全力配合开展报备，降低投诉风险。开展专班培训转变思维，鼓励基层单位积极开展报备工作，基层单位尝到报备“甜头”后，化被动为主动，积极开展报备工作，将投诉消除在萌芽状态，减少非必要投诉事件发生。

（三）聚焦问题，引导精准投资新模式

严格把关配网精准投资。以投诉问题作为精准投资导向，优先将电压质量整体偏低、客户反映问题集中的地区纳入农网改造项目储备。提高项目储备质量，全面推进建立配网“四个问题库”，以切实掌握配网运维存在的问题和困难，通过

“前瞻预判”和“投诉倒逼”的双向努力，化被动为主动，持续夯实和筑牢优质服务能力。

成本优先解决服务短板。对发生过投诉的供电台区，现场核查制定整改措施，运用巴中公司成本立即着手通过降低线路故障跳闸、减少配网异常数据、增大线径、调整三相负荷、新增末端补偿设备等运维措施进行整改。

加强配网负荷监测分析。根据负荷分布、网络结构情况，合理安排配网运行方式，针对重过载线路、配变，及时进行负荷转移调整、配变增容和紧急情况下备用配变轮换，切实提高供电可靠性。局部网架结构优化措施和电网设备补强措施，从而解决影响配网供电能力、供电质量的突出问题。

（四）严格问责，坚持有奖有罚新常态

坚持“体系清楚、责任落实、奖惩分明”。优化服务奖惩办法，坚持有奖有罚的服务考核机制，巴中公司每年从工资总额中拿出一定金额作为优质服务专项奖励基金，用于奖励周零投诉的县（区）公司和年度零投诉的供电所。

基层单位年度评先选优时，服务工作作为集体和个人评先选优一票否决条件。属于人员问题的投诉，将给予事件相关责任人经济处罚。基层员工热情高、干劲足，乡镇供电所之间形成“比超赶帮”的良好氛围。

揪住痛点不放，严格约谈问责。针对前期投诉高发态势，巴中公司积极应对，分层级将每笔投诉情况“说清楚”。对重大、典型投诉，巴中公司将“约谈”相关责任人和分管领导。在投诉高发期，巴中公司分管领导平均每周将召开“约谈”会2次，约谈典型投诉事件责任人员和主要负责同志，让他们“红脸”“出汗”，进一步增强基层服务管控意识。主动有效防范各类服务风险，筑牢员工廉洁自律的思想防线。

拓宽服务事项通报渠道。周例会通报近期服务工作重点，分管领导在每周一早会上对服务工作进行点评、通报，指出近期各类风险点，并提出解决措施，服务工作更加入脑入心。巴中公司内网门户首页开辟供电服务专栏，通报近期服务管控有关重大事项。

（五）延伸渠道，打造农村服务新常态

一键叫“电”服务弱势群体。在恩阳区试点为3200多名不会用微信、不使用

智能机的留守老人手机设置“一键式”呼叫功能，直接按设定键后台区经理就能立即根据需求上门为老人服务，切实拓宽了与群众之间的“连心桥”。政电融合齐聚服务合力。积极携手地方政府，将村网共建融入乡村基层治理体系，通过支部联建、理论联学、活动联办，共商共治提升基层自治能力、农电安全避险能力、优质服务响应能力，每村一名“网协员”在聚焦农村常规用电服务同时，为农村老人、残疾人等特殊人群办电提供代办服务，大大提升了农村供电服务水平。自加监督压力提升服务水平。聘请各行业代表组成的电力行风监督员、以村（居）委负责人为主的供电服务监督员，固化客户宣传、意见收集、整改反馈的协调联动工作模式，定期会谈开门纳谏，实时掌握客户需求，建立公司层面、供电片区两级监督约束体系，将监督压力重点传递到一线服务人员。

坚持以需求导向创新群体差异服务。制作分发印有台区客户经理名片的“连心卡”，实现“一户一卡”；在乡村安排客户经理“AB”角轮值，实现“一村一人”；基于对用户个性化分析用电习惯、特性和需求，实现“一企一案”，为大客户量身定制出节省电费最佳方案。基于巴中辖区内留守老人和儿童居多的特点，主动上门服务弱势群体，为其解决用电需求及办电难题，深化“互联网+营销服务”模式，大力推广线上办电，精简办电流程和时间，不断提升营商环境排位。

三、实施成效

“十三五”以来，巴中公司坚持不断规范服务行为，创新服务手段，完善服务机制，提升服务能力。2017 年至 2020 年巴中公司投诉总量实现“四连降”，2020 年，投诉同比压降 50.27%，万户投诉量 1.247 笔。巴中公司客户服务满意指数居国网四川电力第 2 位。

通过实施主动走访客户，实实在在践行以“客户为中心”的服务理念，助力企业稳步发展等多渠道服务，得到了地方政府、老百姓的充分肯定。

实践案例 22

树立具备甘孜特色的供电服务新品牌

（国网四川电力甘孜供电公司）

一、实施背景

为进一步加强营销服务管理，着力提升客户服务能力和客户满意度，努力实现服务工作向精益化管理的转变，全面构建以人民为中心，以“主动、智能、精准、开放”为特征的现代化供电服务体系。国网四川电力甘孜供电公司（以下简称甘孜公司）积极推进供电服务营销新模式、新体系、新机制、新流程建设，把优质服务作为第一标准，优化并创新服务手段，细化服务项目及内容，持续改进工作作风，提高各项工作质效，努力践行 “人民电业为人民”的企业宗旨，提升甘孜公司优质服务水平。

二、先进做法

（一）针对藏区特点，编制“藏汉双语”版缴费手册

自开展“网上国网”App 推广工作以来，甘孜公司安排推广人员进村入户，向客户进行上门推广。在推广过程中，工作人员发现甘孜广大农村客户存在对手机使用不熟悉，不认识汉字等情况。“你们这个有没有藏语的嘛，我看不懂这个。”针对客户提出的问题，工作人员细心记录下来客户的诉求，及时向甘孜公司进行反馈。经过甘孜公司研究，决定编制藏汉双语版的“网上国网”App 宣传资料，方便客户缴费。为确保藏语的准确性，甘孜公司专门到康定四川民族学院找到藏语方面的老师，向老师提出了来意：“我们现在可以使用手机交电费，在家就能缴费，但是好多用户不认识汉字，能不能帮我们翻译下藏语的缴费流程呢？”。在知道手机就能缴费，可以为甘孜用户带来方便，足不出户就能缴电费时，四川民族学院的老师很高兴地接受了工作人员的请求，很快便翻译出了“网上国网”App 藏语版的缴费流程。随后，甘孜公司印

制了相关的宣传资料与视频，大力在甘孜地区进行推广，取得了良好的效果。

印制藏汉双语的“网上国网”App 缴费流程

（二）设置客户经理，解决客户用电诉求

甘孜公司在便捷舒心用电服务方面，实施拓展线上服务渠道和推行分级分类客户经理制等 2 项措施。完善和推广 App、微信等线上渠道，满足客户 7×24 小时购电充值需要，提供电费缴纳、电子账单、电子发票、用电信息查询、客户新装、更名、销户等业务办理线上服务。对居民客户实行片区客户经理制，建立多级服务网络，实现人员“一专多能”，业务“一岗作业”，服务“一次到位”。对政府和重要企事业单位实行政企客户经理制，定期开展高危及重要客户安全隐患检查，对重大活动全程提供用电保障。

“2021 年 10 月 9 日 14:38 分，工作人员在客户经理微信群里接到新天地小区居民发来的报修信息，称自家的屋里没有电，现在正等着用电，还麻烦供电所工作人员尽快帮忙处理一下”。接到故障报修后，当值抢修人员立即带上抢修工具和材料驱车前往故障点，约 20 分钟后，来到客户家里，经过抢修人员的认真检查，发现其家电表箱里的双极闸刀已烧断。故障原因找到后，在做好各项安全措施以后，抢修人员立即投入到抢修之中，20 分钟就帮村民排除了故障并恢复了供电。当家里的电灯又重新亮起的那一刻，村民再次对抢修人员表达了诚挚的谢意。“谢谢师傅们，你们抢修的速度真快，没想到我在群里发了一个报修信息，你们就尽快地赶过来了，为你们的优质服务点赞。”“不用谢，这是我们应该做的，如果你们以后用电上还有什么问题，请随时拨打我们供电报修电话或者在报修微信群里第一时间告诉我们的工作人员。”“你看我这个月电费怎么这么高啊？”“我家怎么突然就没电了？”“我想安装一只三相智能电表，需要提供哪些相关手续……”。过去，每当客户存在问题时，总是需要跑到营业厅来咨询用电业务。许多客户只能下班后或者周末到营业厅进行咨询，非常不便。自从推广客户经理制以来，客户经理与客户建立了客户经理微信群，客户可以随时随地在微信群向客户经理咨询用电问题，与客户经理沟通好后，客户经理上门处理，实现客户“一次都不跑”的目标，为客户带去了方便。

（三）成立“圣洁尚巴”共产党员志愿服务队

在为民服务方面，甘孜公司成立“圣洁尚巴”共产党员志愿服务队发挥共产党员服务队示范效应，联系公共服务、企业、协会等志愿服务组织，整合社会资源，打造供电服务新“名片”。优化服务机制，创新服务载体，有针对性地为偏远农牧民群众提供差异化特色服务，提升为民服务质量和水平。甘孜公司全面落实了从“坐收”向“主动服务”的本质转变，持续优化营商环境，改进服务举措，推动便民惠民措施落地。合理压减办电环节和业务流程，压缩办电时限，全力提升接电效率，最大化为客户提供更可靠的电力服务。甘孜公司要求各党员服务队主动对接各自服务辖区内的小微企业和客户，了解客户生产作业特点、用电负荷、用电需求，以及安全生产、经营中存在的困难，上门征求对供电服务的意见和建议，及时解决用电问题，助力企业发展提速。聚焦商铺客户自身供电设施存在的线路老化等问题提出合理建议和改进措施，消除安全隐患，不断提升客户用电的便利性和满意度。

“圣洁尚巴”志愿服务队坚持每月入户走访结对困难户两次以上，及时了解群众实际困难和需求。春节前采购肉、油等生活必需品慰问特困户；前往川电留守学生之家开展防疫知识和安全知识小讲堂；带上藏汉双语的宣传单和移动充值掌机深入农村偏远地区，为客户解决用电难题以及现场宣传如何线上充值缴费，开展“战疫情，保供电”“青春光明行奉献新时代”“学习寄语精神 展现青春担当”等主题志愿服务活动。

"圣洁尚巴"志愿服务队开展小课堂

（四）主动对接客户，助力乡村振兴

磨西镇位于甘孜州泸定县南部，地处贡嘎山风景区东坡，属海螺沟风景名胜区外保护地带，海拔 1580 米是最适合人类居住和农作物生长的地方。磨西镇老百姓一年玉米平均每户总产量达 8000～10 000 斤，泸定县委、县政府将农作物、经济林木、药材种植收益作为乡村振兴、农民增收的拳头产业，甘孜公司全力保障酿酒厂、药材烘干等农作物生产电力需求，使小酿酒厂、药材种植迎来爆发式增长。酿酒厂是当地农民就地就业的好地点，除了磨西旅游，这是当地脱贫的又一渠道。

据酿酒厂厂长刘术良介绍，2015 年在磨西镇青岗坪村一组建成甘孜州海螺沟景区佳源纯粮白酒厂，最初烤酒燃料使用柴火，由于退耕还林后柴火砍伐受到一定限制柴火量不能满足烤酒需求，经改造后烤酒燃料使用煤，由于酒厂地处高山，运输不便，路途遥远大大地增加了燃料成本，加之环保验收通不过，于是想到了使用绿色能源"电"。了解到刘厂长的需求后，甘孜公司磨西供电所长王中平带领两名队员去酿酒厂上门帮助检查，通过现场勘查，制定酿酒厂用电方案，妥善解决了酿酒加工用电问题，同时实现酿酒加工和村民生活用电彻底隔离，互不影响，9 月 23 日晚，酿酒厂的电能烤酒机正式投入使用。随着电能酿酒机的两个"大漏斗"发出热量，玉米纯粮白酒的气息酒味弥漫到小山村的每一个角落。

通过用上电后，刘术良家的酿酒厂产量从以往的 5000～6000 斤，提升到 8000～

10 000 斤，而通过使用电能明显减少了燃料成本，以前使用柴火和煤烤每斤酒燃料费用需要 1～1.50 元，现在用电烤只需要几毛钱。刘术良介绍，以前也考虑过使用电烤酒，但是当时输配电线路线径小和变压器容量小，因供电半径大了存在低电压情况导致连生活用电都无法满足。通过 2019 年农网改造输配线路和变压器供电能力得到提升，解决了居民生活和生产用电。

“我去找到国网泸定县磨西供电所长王中平讲了我想使用电烤酒的想法，现在真的实现了，这即节约了成本，也增加了经济效益。真谢谢供电公司。”酿酒厂厂长刘术良激动的道谢。

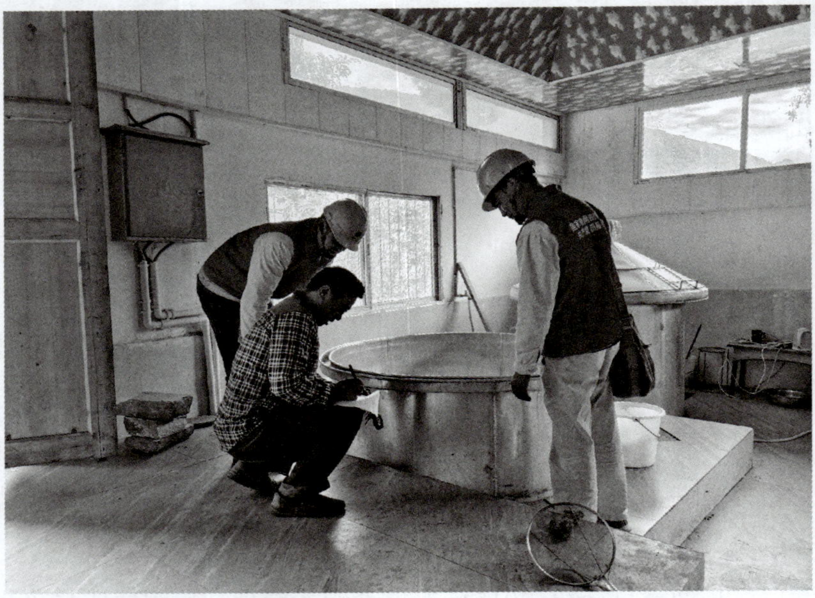

供电公司员工上门解决酒厂用电问题

（五）稳步推进村网共建

甘孜公司主动联系地方乡镇、村社政府，汇报电力窗口服务入驻村社工作。通过与政府的协商，决定在农村便民服务点、农村活动中心设立电力便民服务点。安排工作人员入驻电力便民服务点。过去，部分乡藏区农牧民平时需要跋涉几十千米的高海拔山路到营业网点办理用电业务，给日常生活徒添诸多不便。设置便民服务点后，偏远地区农村客户可到便民服务点解决用电问题。电力便民服务点的设立解决了甘孜地区农村客户交通不便、距离远等难题，得到广大客户一致好评。

“以前充电费，我们要一早下山去电力营业厅缴费，要坐半个小时的车，小小的电费，成了一个大问题。现在村里有了电力便民服务站，几步路就能去充费了，太方便了！”9 月 13 日，康定市杠江沟村村民在离家不足 100 米的服务站成功缴纳了电费。

据了解，康定辖区内的电费缴纳多通过“网上国网”App、微信支付宝或到营业厅进行现场缴费。其中，部分偏远乡村距离营业厅较远、居住地老人不会操作手机软件，只能通过乘车前往营业厅充值，对他们来说，电费充值费时费力。

为深化拓展“我为群众办实事”实践活动，甘孜公司积极与辖区内各村的党群服务中心对接，共建“电力便民服务站”，构建的新型服务模式。通过设置在村委会的电力便民服务信息展示牌，实现了让村民足不出村便能享受电费缴纳、业务预约、故障报修等供电服务。

“我们将办电业务和供电宣传服务从营业厅延伸到各个村，让村民足不出户就能体验电力服务的方便和快捷，今后我们也将常态化运行服务站，主动上门提供服务，定期检查客户用电设备运行情况，用热情行动打通电力服务‘最后一公里’。”姑咱供电所杠江沟台区经理高庆军说道。

（六）开展购电享福利活动

“甘孜人购电享福利来啦，最高立减 66 元！”10 月 25 日，甘孜公司官方微信公众号“电力格桑花”发布了这样一条消息。推广线上缴费是一项势在必行的工作，不仅可以减少营业厅收取现金的情况，减少资金风险还可以提高甘孜公司自动对账率指标。对客户来说，参与线上缴费活动可以随时随地缴纳电费，在体验“微时代”的便利生活同时又享受了福利。此次活动对甘孜公司推广线上缴费提供了极大的便利。

活动通过甘孜公司官方微信公众号“电力格桑花”进行正式发布，工作人员在微信转发链接、营业厅张贴标语、进村入户宣传来推广此次活动，同时开通了 24 小时咨询及故障处理联系电话，为活动顺利开展提供保障。

此次活动的参与对象是甘孜公司供电区域内的所有低压客户，可通过“网上国网”App、支付宝、微信三种渠道参加，活动期间，通过任一渠道缴纳电费满 100 元（含），即可享受优惠，最高可减 66 元。活动期间“网上国网”App 采用领取优惠券方式，支付宝和微信端都是采用满 100 随机立减的方式，活动的多渠道方式为客户提供了多样性选择。线上缴费推广为甘孜公司优质服务水平提升注入了新的动力，客户通过线上缴费，实现“足不出户”就能享受到便捷的电费缴纳服务。

开展购电享福利推广活动

（七）建设“圣洁尚巴爱心服务站”

2021 年 8 月 19 日，甘孜公司精心打造的精神文明窗口—“圣洁尚巴爱心服务站”正式对外开放，采取增加休息座椅，配置紧急医药箱、雨衣雨伞、饮水机、充电桩等措施，为户外劳动者、游客、电力客户提供饮水、临时休息、手机充电、紧急躲雨等免费服务，帮助他们解决“饮水难、充电难、休息难”等实际问题，进一步为广大户外劳动者提供了便捷、规范、精准的服务，充分体现了国企勇担社会责任的真挚情怀。“累了能有一个地方休息一下太方便了，感谢你们公司对我们提供的关怀。”爱心服务站启用的当天，城市环卫工人成了第一批体验者。环卫工人每天风里来雨里去，常规的休息点几乎都在户外，尤其是在炎热的天气下，体能消耗非常大。在环卫工人繁忙的工作中，甘孜公司的室内爱心服务站给他们提供了一个温馨舒适的休息地，递上了守护和温暖。甘孜公司的人性化关怀也获得了环卫工人一致好评。

三、实施成效

通过上述工作的开展，甘孜公司形成了具有地方特色的供电服务方式，全方位做好供电服务，建立完备的服务防控体系，极大地激发了全员的向心力、凝聚力和执行力。供电服务过程管控有序、有力、有效，服务体系进一步完善，员工服务技能、服务意识、服务水平显著提升。各专业间信息共享机制更完善，协同更紧密、更畅通、更高效，基本形成了多专业协同管控的供电服务新模式。

四、典型案例

为了能够不断提升推广优质服务工作，甘孜公司结合藏区政企工作特点，强化政企之间的协同联通机制，2021 年 9 月 9 日在供区内开展为期 7 天的优质服务提升推广活动。

“各位泸桥镇的镇务工作同志，今天召集大家在此的主要目的是安排部署如何帮扶甘孜公司泸定县公司优质服务做提升推广工作……”泸定县泸桥镇的李镇长召集泸桥镇的各社区、村组的干部在泸桥镇镇政府召开“泸桥镇甘孜公司泸定县公司优质服务提升推广活动部署会”，并在会上表示，泸桥镇将大力配合支持甘孜公司泸定县公司优质服务相关的提升推广活动。

此次活动主要是推广“网上国网”App 的安装使用、智能电表用电咨询和安全用电常识等内容。为保障此次优质服务提升推广活动有序有效开展，甘孜公司事先制订了周密的宣传计划，对人员、宣传时间、地点和任务量进行了划分。提前与社区和村组干部沟通协调，让村组干部帮忙动员客户积极参加甘孜公司的宣传活动，并通知客户宣传活动的时间和地点。同时，甘孜公司还准备了大量的宣传画册、宣传视频和小礼品，一次吸引客户主动参加活动，活动当天现场还安排了相关工作人员进行讲解演示，提升活动的生动性。“电力公司推广的线上缴费真方便，“网上国网”App、微信、支付宝都可以缴电费，“网上国网”App 能看到每月的用电量、电费，用电情况一清二楚，在家动动手指就可以在网上缴费，不跑营业厅去缴费打票，真是太方便了！”在推广线上缴费活动上，一位用电客户高兴地说。

实践案例 23

以人民为中心，构建省级集约管理的现代供电服务体系

（国网四川电力营销服务中心）

一、实施背景

国家电网公司作为央企，要求全系统牢固树立以人民为中心的发展思想，坚持人民电业为人民，用一流服务当好经济社会发展的“先行官”，架起党和人民群众之间的“连心桥”。着力构建以人民为中心，以“主动、智能、精准、开放”为特征的现代供电服务体系，全面实现从“电力供应商”向“综合能源服务商”的转变，不断增强电力发展和客户体验给广大人民群众带来的幸福感，开创优质服务新局面。站在两个一百年奋斗目标的历史交汇点，我们必须保持清醒认识，深刻把握“十四五”战略机遇，践行新发展理念，持续落实提质增效各项措施，打出开源节流、降本增效的“组合拳”，蹄疾而步稳，勇毅而笃行，持续加强在优质服务、业务管控、市场拓展、电费电价管理、大数据研究应用等关键领域的创新创效，让创新的第一动力作用更加强劲！

二、先进做法

（一）客服经理“3143”服务质效集约管控实践

以降本提质增效为目标，以企业管理理论为依托，以“五位一体”管理思想为借鉴，以强前端、大后台为核心，围绕“理念、流程、标准、机制、平台、安全”六大要素，构建客服经理管控质效“3143”管控模型，为客服经理管控质效提升提供顶层设计。

1. 深化客户服务“三理念”，充实集约管控新内涵

省营销服务中心挖掘“强前端、大后台”的深刻含义，着眼客户服务工作效益

提升，注重客户中心地位，丰富集约管控体系内涵。细化为“实时客服、精准客服、智能客服”三个关键，充分运用数字化、网络化工具，以“数据贯通”和“信息共享”，促进“管服协同”和“质效融合”。

2. 固化服务运行“一流程”，规范集约管控新路径

在充分调研分析基层客服经理工作实践的基础上，结合服务蓝图理论，以客户服务诉求为起点，以客服经理现场优质服务为前端，以省、市、县、所四级管控组织为后台，建立“客户行为层、前端服务层、后台管控层”三个部分，覆盖客户服务“业务受理、业务派发、业务管控、业务反馈、业务评价”五个阶段的客服经理管控全流程，包括32个流程环节，其中客户行为6个环节、前端服务9个环节、后台管控17个环节。

3. 建立服务管控“四机制”，构筑集约管控新模式

一是建立客户信息及服务管理机制。建立完善的客户基础信息库，由客服经理每月按计划，走访需特殊关怀（五保户、贫困户、孤寡老人、留守儿童等）客户，主动开展诉求收集、代办用电业务、电表余额查询、代收代缴电费、安全用电普及、爱心奉献、扶弱助困等服务工作。二是建立客服经理信息动态管理机制。当客服经理在发生职位变动时应进行更新，由所在供电所立即填报《客户经理信息表》，后台管控逐级进行台账更新。三是建立服务过程动态管控机制。后台搭建“省、市、县、所、人”五级工单任务分派机制，实现“正向工单流转顺畅、逆向工单真实可查”，保障所有诉求业务受理信息均在各级管控组织后台进行集中统筹管理。四是建立服务考核评价机制。建立客服经理工作效果评价、客户评价、综合评价体系，实现全面量化客服经理服务质效，确保管控闭环，提升客户服务体验。

4. 落实集约管控“三保障”，保障体系运转新动能

一是标准保障，从客户体验和质效提升的角度出发，建立服务标准、评价标准、信息标准。二是安全保障，完善客户信息管理机制，规范前端、后台保密职责，实现信息泄露风险隐患“零容忍”，全面保障客户信息安全。三是平台保障，建设“数字客服”管控平台，实现客户端服务过程中均可实时查询客服经理信息及客户诉求，服务完成后可进行星级评价和提出意见建议。

（二）“网上国网”三级联动，形成“1+1+23”的多元化宣传推广模式

为全力打造一流电力营商环境，提高供电优质服务水平，全面发挥线上渠道服

务对营销业务的支撑作用，省营销服务中心在国网四川电力营销部的统一领导下，牵头负责“网上国网”App 宣传推广工作，同时各地市公司自主实施，三级联动，形成“1+1+23”的多元化宣传推广模式。

一是建立省侧“网上国网”运营机制，有序开展宣传推广工作。省营销服务中心按照营销部的工作部署，制定宣传推广和运营管理方案，在全业务管控及 95598 客户服务部设置 33 名专兼职人员负责“网上国网”的运营管控和宣传推广工作，并下设运营管控及技术保障两个专业小组，进一步推动各项工作深入、有序开展。二是细化运营推广工作职责，强化运营问题处理机制。充分运用部门 7×24 小时的工作制度，通过即时通、微信群，统一归口管理全省线上服务渠道运营问题，5 分钟内响应，10 分钟内答复地市推广问题，配套建立完备的问题台账，并对各环节实施全过程管控和销号管理。修编统一答复标准制作并印发《网上国网口袋书》，开设“微课堂”，为各地市公司客户经理、供服人员服务客户提供保障。三是指导各地市公司采取线上线下相结合的富含各地文化传播特色的运营推广实施方案和目标。重点围绕产品亮点开展宣传推广工作，宣传与客户息息相关且独有的产品功能，制作产品功能介绍推文、功能指导手册和分享推广“网上国网”App，涌现出不少的典型推广方式，部分优秀案例被纳入国家电网有限公司“网上国网”App 运营工作周报中，便于省级供电公司之间交流运用。

（三）拓展营业厅优化建设，实现营配业务末端融合

积极开展“综合柜员制”“台区网格化管理”，深化营业厅优化提升，实现人力资源提升。

1. 整合供电服务资源，有效提升服务效能

营业厅关停、供电所数量压减、管理职能集约和人员优化配置，使得供电所聚集供电核心业务，供电服务资源更加集中，供电所通过综合柜台提供一站式服务，配置互动服务体验台、VTM 机等，增强自助服务、互动体验功能。上墙资料改为电子展示，客户只需扫描屏幕下方二维码，便可实现信息共享，编制“四本台账”，做到件件有着落，事事有回音，有效提升供电服务效能。

2. 改变传统模式，依托互联网平台加快线上化变革

完善线上交费、办电服务功能，以“服务客户”为切入点，依托“网上国网”互联网平台，探索实践与电商中心合作的“O2O”新型商业模式，以主动布点服务

替代传统被动服务，推广多元化缴费和网上业务办理，实现业务受理由线下转向线上、办理由人工转向智能，从而实现营业厅优化调整后服务渠道拓展，服务模式升级的全新突破，引导农村客户用电业务掌上办、随时办，形成线上为主、线下为辅、末端融合的服务体系。

3. 代收网点全覆盖，打造“线上服务入户、代收服务进村社”服务新模式

通过线上、营业厅和客户经理等多种渠道公布第三方代收网点信息，确保代收网点标识统一，方便客户准确找到经公司授权的正规代收网点缴纳电费。同时，加大对第三方代收网点的深入合作与监管，择优选取第三方代收网点。充实乡村第三方代收网点的分布，尤其是在留守老人多的乡村，真正实现“村村覆盖”，全面打造“线上服务入户、代收服务进村社”服务新模式，完善线上交费、办电服务功能，以“网上国网”为重点加快服务线上化迁移。

三、实施成效

客服经理“3143”服务质效集约管控，提质增效添动力。一是“三降一升”，全面提高公司优质服务水平。国网四川电力营销服务中心通过创新客服经理集约化、信息化管控模式。二是“六个智能”，运用“互联网+”服务模式，前端服务智能化、后台支撑智能化、信息交互智能化、管控手段智能化、客户评价智能化六个智能有力推动数字客服转型升级。三是“三个节约”，有效实现客服经理降本增效。企业管理成本方面，线上实时同步客服经理管控，精准感知客户诉求，实时跟踪任务进展，分析判断业务信息，指导客服经理现场服务，管理成本得以压降。客户时间成本方面，全类型工单处理及时率达到 99.69%。故障抢修业务的任务响应时间和修复时间分别缩短到 19.27 分钟、189.06 分钟。人力资源成本方面，配合营业网点处置，客服经理高效承接客户服务工作，人力资源利用率大幅提升。

“网上国网”三级联动推广，注册用户跃升全网第四。一是通过即时通、微信群，统一归口管理全省线上服务渠道运营问题，配套建立完备的问题台账，对问题受理、问题分析、跟踪督办和结果回复等各个环节实施全过程管控和销号管理，累计解决地市公司“网上国网”问题 3847 余条。二是在省营销服务中心严格的管控和统一的指导下，22 家地市公司利用当地媒体共计发布 180 余个视频，230 余篇推文，450 余次新闻报道推荐线上服务，在农村场镇摆放易拉宝，制作发放 170 万余

份宣传资料。三是通过运用“1+1+22”多元化宣传推广模式以来，2021年，全省“网上国网”新增注册用户318.70万户，新增绑定户号385.98万个，月均活跃用户268.46万户。

建立适用乡村的服务规范体系，实现客户缴费“0”上门。多渠道、全方位开展缴费工作。全面推进“线上服务入户，代收服务进村进社区”服务新模式，深化互联网+营销服务应用，打造统一开放、功能融合的互联网服务平台，实现全业务线上办理、全天候一站式服务。目前国网四川电力已开通网上国网、支付宝、微信、省级直收、国网商城“电费网银”等多种线上业务方式，全面实现客户24小时购电缴费“0”上门，完善农村电费交费圈。

第六章　工作展望

第一节　展望服务发展新趋势

一、聚焦“双碳”目标，构建新型电力系统结构下供电服务新模式

从电力供应看，新型电力系统可以有效提升可再生能源的消纳能力，大大提升能源的综合利用效率，并进一步拓展为用户提供综合能源服务的功能；从电力市场看，新型电力系统结构下的市场交易模式将由计划市场向现货市场过渡，电力生产、交易的实时化、个性化有可能在未来逐步实现。未来，电力系统将以用户为中心构建能源电力共享平台，有可能出现既是生产者又是消费者的生产型消费者。供电企业要抓住当前能源革命的有利时机，将综合能源服务作为主营业务发展，推动构建以电为中心的终端能源消费体系；供电企业要积极拓展新兴产业，打造综合能源服务平台和竞争性业务体系，培育新的利润增长点，确立输配电和保底性售电业务及竞争性售电业务和能源增值服务两个主要发展方向。

新型电力系统结构下，随着经济发展、社会进步和能源转型，电力的应用领域不断拓展，电力服务需求和消费理念日益多元化、个性化、低碳化，电力行业的新产业、新业态、新模式不断涌现，构建新型电力系统下的服务体系是“强前端、大后台”的服务新体系，即要深化“互联网+营销服务”，打造统一开放、功能融合的互联网服务平台，实现全业务线上办理、全天候一站式服务，为客户提供用能整体解决方案，又要以向轻资产、附加值更高的综合能源服务产业链延伸，提供一体化综合能源服务，着力提升市场意识和客户服务意识为重点，探索建立“供电+服务”

的服务模式，构建新型电力系统形势下的供电服务新模式，通过不断提升客户价值创造能力，发挥人才、技术、渠道等资源优势，深挖营销大数据价值，强化用电市场分析和消费行为研究，细化客户分类，满足智能化、多样化用电需要。同时，充分利用社会资源，拓展服务领域，实现企业与客户互利共赢。

二、新一轮科技革命助力“互联网+供电服务”

随着科技的进步，加快发展清洁能源、推动能源绿色转型是国内外能源电力企业战略转型方向的共同选择。平台经济、数字经济、共享经济等新经济模式在电力行业生根发芽，孕育出众多新型电力服务产品。在“互联网+”发展背景下，电力与信息行业融合发展趋势不断增强，大数据、云计算、物联网、移动互联网、人工智能、区块链等新兴技术在电力行业的应用日益广泛，电力生产和服务朝着智能化、数字化方向逐步转型。电力数字化转型为电力企业注入了数字基因，使企业生产运营更加智能，决策更加科学，管理更加高效。而基于大数据的市场预测、精准营销、客户画像，以及节能诊断、个性化账单、能源套餐等定制服务将成为决定市场份额的关键。未来，电力数据将成为电力企业的重要资产，如何挖掘数据价值、优化数据流程、合理共享数据与保障数据安全是数字化时代能源企业的重要命题。

互联网的发展驱动服务行业的变革，对供电服务改革是挑战也是机遇，始终坚持以客户为中心，专业专注，持续改善价值观，在致力于“互联网+”新格局下的供电营销服务新模式研究道路上，不断革新寻求突破，将始于客户需求，终于客户满意贯穿始终，以优质的服务赢得客户的认可。

通过建立适应“互联网+”服务新模式运营机制、推动营销服务线下向线上新渠道转变。一是统筹梳理各类线上线下渠道运营成本、业务承载力等要素，形成业务、人员、客户三位一体的特征匹配，根据要素综合匹配分析，逐步将业务部署在合适的渠道中，并充分发挥线下主营实体渠道（如营业厅）、社会外部渠道的特殊作业模式及广泛性。二是研究探讨客户侧与渠道的适配管理模式，对客户个性化数据，如阅读习惯、缴费习惯、关注热度等开展大数据分析，建立线上客户档案标签库，为客户定制个人偏好管家，引导客户使用对应渠道。三是以推广电子账单、电子发票为突破口，同步提升客户基础信息准确性，加速提升知识智能应答互动能力，引导客户主动触发信息盲点，同时进一步拓展活动形式，加强外部跨界合作，考虑引入外部资源的方式带来新一轮体验感知的冲击，提升品牌知名度。

三、经济社会发展催生供电服务新产品

（1）丰富的服务产品有利于紧抓服务细分市场。电力是供电企业的核心物质产品，而在电力基础上衍生但又超出用电本身的服务，称之为服务产品。普遍的服务产品通过统筹网点布局、提供产权内的电力抢修来满足日常电力基本需求，遵循规范且统一性的原则，这种统一性，造成了供电企业对于市场的掌控是“打包式”，但由于市场需求不同，对统一的服务产品有着不同的期望度和接受度，因此服务产品越丰富，能够适配的期望度层次就越多，也就越契合相应细分市场的需求。随着四川省经济社会快速发展，产业和人口大幅增长，以及受国家开放一般工商业参与市场化交易的政策要求，传统粗放的市场划分已无法精准满足客户个性化、多元化的服务需求，急需供电企业更加准确地发现电力消费者需求的差异性和需求被满足程度，依据客户用电能力、用电行为、用电习惯等特征进一步细分市场，以便为客户提供服务更多元、需求契合度更高的产品选择。

（2）提供适应现代老龄化社会的供电服务产品。根据2020年开展的第7次全国人口普查结果，我国60岁以上人口占比已达到18.7%，较10年前增加5.44个百分点，增长1200余万人。“适老化”成为社会的热点，不仅因为老年是每个人正在或将要直面的阶段，也因为这反映了众多家庭需要承担的责任、社会经济面临的考验等各类社会问题。对此，我国各级政府部门、公共服务企业也都在保障老年人的信息无障碍权益、推动“适老化”工作方面出台了相应的服务政策和服务手段。

作为承担公共服务职责的供电企业，全面践行“人民电业为人民”的企业宗旨，需要通过建设更多“适老化”供电服务产品，履行央企社会责任。一是将供电服务融入老年友好型社区，通过供电客户经理靠前服务、政企协作通入网格，提供多层次、普惠型社区养老服务，为老年人服务的质量和水平，通过保障医养、康养服务机构，实现老年人口对社区养老服务设施的“就近可及”目标。二是加强老龄人口用电轨迹监控，结合社区公共管控，对老年人异常情况进行预警，实行定期走访制度，增强老年群体用电的获得感。三是加快推进服务信息化、智能化，做好供电服务“适老化”改造，将用电交费、停电查询等融入社区公共服务综合信息平台，精准对接老年人服务需求和服务资源，为老年人提供精准化、个性化、专业化服务。

运用互联网、物联网、大数据、智能设备等，快推动智慧健康养老社区建设。

第二节　深入推行、不断优化新型现代供电服务体系

一、工作思路

国网四川电力按照以经营电网为主体，以市场拓展和服务提升为两翼的发展思路，着力于服务机制优化、组织架构强塑、服务管控提升三大方面，全面构建“线上为主、代收为辅，配套客户经理，营业厅和政府服务网点有益补充”的线上线下一体化的智能供电服务体系，打造更加开放、主动、智能、精准的服务机制和架构，推动实现“线上服务到户、代收服务进村入社区”营销服务新模式的全面变革，实现服务全覆盖、服务更优质、服务更高效。

二、发展目标

国网四川电力 2025 年服务客户预计规模数达 3870 万户，全面建成以“开放、主动、智能、精准”为特征的智能供电服务体系，全面推动实现“线上服务到户，代收服务进村入社区”的营销服务新模式。推动服务由封闭向开放全面转型，打造线上线下一体化服务机制，把线上服务送入千家万户，把代收服务遍布农村和社区，将供电服务进一步延伸，实现服务全覆盖，高效打通客户服务“最后一公里”。推动服务由被动向主动全面转型，全域推广客户经理制，融入政府服务网点，推动客户经理服务线上化迁移，大力推行主动服务和差异化服务，依托线上渠道和信息化手段，更加高效、快速响应客户，实现客户能快速找到客户经理，客户经理能快速找到客户。推动服务由作业向智能管控转型，构建 7×24 小时服务全过程管控模式，全面支撑公司服务状况的在线实时监控、异常研判、督办消缺，精准响应客户用电诉求，及时识别督办异常服务工单，持续提升客户体验，跨越提升服务水平。推动服务由粗放向精准转型，全面推行客户经理服务线上化，将供电服务送到客户群众

"家里面"，实现"点对点"精准服务。深化智能营销体系建设成果应用，实施停电及故障精准研判，运用线上化手段将停电通知精准送达客户。

三、规划重点

（1）深化服务体系建设，实现服务模式变革。推动服务由封闭向开放全面转型，深化完善营业厅优化调整，提升留存营业厅服务质效，大力拓展线上渠道，全域夯实代收服务，全面打造线上线下一体化服务机制。深入推进"村网共建、社网共建"服务融合，全面进驻政府市县政务大厅，将供电服务延伸至政府各级便民服务中心，高效打通客户服务"最后一公里"，实现与政府服务资源的共建共享，全面建成"开放、主动、智能、精准"智能供电服务体系，全面实现"线上服务到户，代收服务进村入社区"营销服务新模式，实现服务全覆盖。

（2）丰富普惠服务手段，推动服务效率提高。深入推行三级客户经理制，全域推广网格化综合服务，坚持服务按责任田划分，客户管理分包到人头，实现客户经理"一口对外"服务客户，将服务前端融入各服务网格，提升服务渗透力。全面实现客户经理服务线上化，确保客户能快速找到客户经理，客户经理能快速找到客户，实现客户和客户经理实时互动。强化客户经理兜底服务，做好老年人客户等特殊群体的差异化服务。加强客户侧故障停电精准研判能力，全面实现停电消息精准通知到户，不断提升供电服务水平，确保老百姓用上电、用好电。规范重大活动客户侧保电行为，完善客户侧应急保障体系，确保各类客户侧保电工作万无一失。

（3）强化差异服务机制，着力服务效益创造。紧抓国家降低碳排放，电气化建设和成渝双城经济圈建设战略机遇，以打造绿色低碳生产生活方式为契机，以客户为中心、市场为导向，加快推进城乡居民电气化、出行电动化、餐饮电气化，主动对接重点项目建设。细分客户群体，建立重要客户标签库，整合服务资源，细化服务渠道，优化服务策略，精准服务政府、园区等重要客户群体。强化政企客户常态化服务，主动上门走访对接政企客户，为客户提供电费专票代办寄送等差异服务，提升政企重要客户的电力获得感，主动收集政府招商引资信息和大客户用电业务新需求，支撑市场业务拓展。落实"阳光业扩"服务，加快业扩配套建设时效，强化政企客户主动增值服务。

（4）优化智能服务管控，推进服务效果提升。重新梳理和优化新模式下的服务流程和服务标准，构建 7×24 小时服务全过程管控模式，全面支撑公司服务状况的在线实时监控、异常研判、督办消缺，精准响应客户用电诉求，及时识别督办异常服务工单，持续提升客户体验。常态开展“供电服务视频曝光”“说清楚”活动，持续推行供电服务领域问题专项治理长效机制，常态开展投诉压降治理，落地落实挂牌督办和销号闭环管控，做好源头治理。优化营销现场作业安全管控体系和督导检查机制，杜绝人身伤亡事故。完善高危及重要客户管理系统，实现客户隐患多维度分析和整改情况跟踪督办，确保“服务、通知、报告、督导”四到位。

（5）加强服务能力优化，夯实服务基础支撑。以配齐组织机构及人员为落脚点，调整优化服务定员和岗位设置，提升人员综合服务能力。常态开展在岗培训、专项培训，聚焦公司发展战略、能源发展趋势、新技术应用等，加强管理人员、基层班组长、营业厅主管、供电所长及客户经理等骨干团队建设。强化服务培训的实效性，优化充实一线服务队伍，深化服务人员长效培训机制和优秀技能人才选用机制，全面提升“以客户为中心、专业专注、持续改善”的三优营销综合服务能力和服务水平。

参考文献

[1] Q/GDW 10403—2021《供电服务标准》.

[2] 王莉芳. 市场化改革背景下的电力服务体系创新 [M]. 北京：机械工业出版社，2021.

[3] 赵艳丰. 改革背景下的供电服务攻略 [J]. 中国电力企业管理，2018：70－71.

[4] 张宏博. 湖南省电力公司供电服务品质评价研究 [D]. 湖南大学，2011.

[5] 谢萍. 供电服务社会管理体系研究 [D]. 华北电力大学，2013.

[6] 黄康任. 电力体制改革背景下售电主体竞争策略研究 [D]. 华北电力大学，2016.

[7] 王娟. "互联网+" 背景下 ZK 供电公司电力服务营销策略研究 [D]. 郑州大学，2019.

[8] 谭洪恩，胡海舰. 以客户为中心的智能营销体系建设 [M]. 北京：中国电力出版社，2021.

[9] 翟利民，尹飞，苏媛. 供电服务末端融合的探索 [J]. 中国电力企业管理，2019.

[10] 刘洋，梁沁韵，张一池，等. 线上服务渠道对用户体验影响的探究 [J]. 电力需求侧管理，2016.

[11] 国网湖北武汉供电公司. 构建新时代供电服务新模式 [J]. 农村电工第 26 卷 2018 年第 4 期.

[12] 国网浙江省电力有限公司宁波奉化区供电公司课题组. 以客户为中心的乡村供电服务创新 [J]. 中国电力企业管理，2020.

[13] 国网江西九江供电公司. 打造一体化供电服务指挥平台 [J]. 农村电工第 26 卷 2018 年第 5 期.

[14] 程磊.供电公司供电服务探析 [J]. 消费导刊 2018 年第 24 期.

[15] 中共中央、国务院.《关于进一步深化电力体制改革的若干意见》(中发〔2015〕9 号).

[16] 国家能源局.《国家能源局关于印发〈用户 "获得电力" 优质服务情况重点综合监管工作方案〉的通知》(国能发监管〔2018〕41 号).

[17] 中共中央、国务院.《中共中央 国务院关于完整准确全面贯彻新发展理念做好碳达峰碳中和工作的意见》.

[18] 国务院.《2030 年前碳达峰行动方案》.

[19] 国家发展改革委.《国家发展改革委关于进一步深化燃煤发电上网电价市场化改革的通知》(发改价格〔2021〕1439 号).

[20] 国家发展改革委.《国家发展改革委办公厅关于组织开展电网企业代理购电工作有关事项的通知》(发改办价格〔2021〕809 号).

[21] 四川省发展和改革委员会.《四川省发展和改革委员会关于调整我省目录销售电价有关事项的通知》(川发改价格〔2021〕401 号).